打開天窗 敢說亮話

WEALTH

天窗出版

憑科技・贏自由

Duncan 黃卓生

目錄

推薦序

自序

序幕

導讀

第一部份　通往財務自由

第一章
由投資走到 FIRE

第二章
我的投資和選股風格

第二部份　工作、過渡

第四章
走在FIRE路上

財務自由不是終點

止凡
Patreon Creator

先恭喜Duncan兄出版第三本個人著作，十分厲害。

留意到這本書提及「財務自由人」一詞，而Duncan特別強調「人」的元素。看過內容，很多篇幅的確來自一些個人經歷，再發展出思考方法，昇華到哲學層次。之前兩本著作多在討論科技股，相對上，這本書談到更生活化的命題，例如投資取態、財自計劃、財自生活等，的確有很多「人」的元素，比較親切，這是今時今日被AI挑戰下應有的路線。

其中一個「人」的元素，是作為一個普通人，生活是全方位的，財務自由不是單靠投資得來。Duncan把工作與財務自由合併來説，沒有否定工作的重要性，亦提到他從工作中所得到的資金與軟實力，透過工作鍛鍊解決問題的能力，再應用到投資上，相輔相成，這是很好的見解。

財務自由的概念好簡單，被動收入大於日常支出，何解要出本書去討論呢？近日不少人挑戰這個概念，指我們不應追求財務自由，應該充實人生，貢獻社會云云。又指財務自由後生活失去意義，與躺平概念混為一談。書中一句「財務自由不是終點，退休不是生活的終極，退休應該是真正生活的開始。」

Duncan起初透過裸辭去預習 FIRE(即財自後退休)，試過一段時間之後，又再重回職場一段時間，之後才真正 FIRE。而他預習過FIRE，退下來，多了時間再思考退下來的生活，再工作，再退下來，到真正體驗過FIRE生活，至今思考得頗透徹。其實，財自後退休的考慮多的是，未有認知的不妨看看Duncan 這本書。

科技股一向缺乏豐厚的股息，作為退休主力，生活所需的現金流是一個問題。Duncan透過研究「4% Rule」，以賣股方式取得生活所需現金流。書中提到一些操作上的考慮，例如於升市或跌市時的處理及其風險，頗有趣。我自己則較喜歡以股息去產生被動現金流，少了一點這方面的煩惱。

書中亦透露 Duncan 的選股考慮，他集中投資科技股，會先選行業，再選企業，俗稱的"top-down approach"，重點留意它們的商業模式與公司表現。曾與他傾偈，近年AI Magnificent 7 中，他選中了5隻，正因他這套選股邏輯，具有前瞻性的預視能力，值得參考。

除了提到一些個股外，書中亦提到他的個人背景，所以讀者會明白為何會煉出Duncan這個人，亦明白為何他會精選科技股。書中有一處特別提到：「我見到設計得好的產品和系統，會感覺興奮，欣賞好的設計，欣賞好的科技策略，欣賞好的科技公司管理手法，這是和自己的IT工作背景有關。」

Duncan 於2021年中真正退休時，大約半年後便遇上美股嚴重跌市，跌市維持接近一年，他的投資組合於2022年下跌超過一半，當時媒體更紛紛報導這是美股數十年來最嚴重的熊市。他指雖事前盡力做好計劃和準備，下跌的過程中仍感到壓力。這是多麼有血有肉的經驗之談，換著是自己，一筆退休金跌得如此厲害，還要靠賣股生活的模式，你能捱過嗎？

一邊看著作，一邊看Duncan兄討論科技，包括AI等話題，一邊構思如何寫序，很有趣，我竟然在想如何可以寫出一篇AI不能寫出的序。無論如何，祝Duncan兄新作大賣。

止凡 Patreon：www.patreon.com/cpleung826

一同「千里之行始於足下」

亂博（伍展揚）
Volitium Cyber Tech Limited 創辦人

感恩再次獲Duncan邀請為他的新書《憑科技‧贏自由》寫推薦序，上次幫Duncan寫推薦序，是2022年6月他出版第一本著作《科技戰國》，當時那本書以很大篇幅深入分析Nvidia涉及的業務範圍，讓筆者得知Nvidia是一間在科技發展方面有願景的好公司，我的YouTube影片「書中自有黃金屋2」亦提到這個發現，《科技戰國》出書之時輝達已由高位330美元下跌約六成至145美元，" It was the best of times，it was the worst of times"，淡市時學習，並且抓緊機會出擊，又有幾多人做得到？執筆寫這篇推薦序之時是2024年4月，Nvidia股價已升至871美元，見證Duncan長期投資好公司，長線方向是升，短期價格上落不足掛齒。

新書《憑科技‧贏自由》結合Duncan長線投資選股的邏輯思維、財務自由後的財務規劃、4%法則的執行、以及生活安排，由他胡亂投資失敗至覺醒，從他IT工作背景出發，以自身經驗和日常生活中尋找建立個人的投資能力圈，加上學習和分析科技發展，由行業至企業，最後才是價格，選擇美國科技股和以太幣，以成本平均法按月投入長線投資，做對了投資方法是因，最終達至財務自由是果，由錯誤投資方法至領悟出好的投資方法，並且獲得成果，整個過程經歷10幾年，很喜歡書中的一句說話：「千里之行始於足下」，定下目標之後，定下計劃，執行的過程就像遠足旅程，有時可能犯錯，但只要持之以恆，便能一步一步達至目的地。

人生是一個過程，完成一個目標是另一個目標的起點，財務自由重奪選

擇權，選擇做自己想做的事情，為自己而活，Duncan 重拾跑步、攝影興趣，多了時間陪伴家人，做自己珍惜的事情。

Duncan 的故事就像我的寫照，筆者 2014 年開始鑽研比特幣背後的區塊鏈技術，並在 blogspot 分享，同時成為比特幣、以太幣的早期投資者，「幣市一日人間十年」，筆者的長期投資穿越了多個幣市週期，就像穿越了幾十年時光，人說加密貨幣是高風險投資，但試問人生哪一個決定不涉及風險？只要好好了解自己投資標的，控制風險，憑藉長期投資，筆者最終成功為自己理想開路，原 2017 年計劃創造區塊鏈 Volitium，結果等到 2021 年沽出部份以太幣自資成全此計劃，2023 年 9 月推出 testnet，2024 年 4 月執筆之時還在努力邁向推出 Mainnet 和在蘋果 AppStore 上架，整個過程長達 10 幾年。我和 Duncan 都是選對長期投資標的而成功為自己鋪路走向人生另一階段，為自己想做的事情而努力，「千里之行始於足下」，相信您們也可以。

《憑科技·贏自由》內容豐富，道出實實在在財務自由的規劃和成功例子。

《亂博》Blog：luan-invest.blogspot.com

投資的終極是生活

麥加文

《麥加文金融》YouTuber

想不到在短短3年內，已經第3次為Duncan的新書寫序。3年3本書組成3步曲，就像近年的科技股一樣已過萬重山。2022年《科技戰國》推出時，美國因聯儲局大幅加息，殺市場一個措手不及，息口敏感的科技股大跌，少則4成，多則7至8成，進入2023年市場共識是衰退，誰知到第2本書《AI投資時代》推出時，因通用人工智慧(AGI)的崛起，整個美股市場被「科技七雄」(Magnificent Seven)拯救過來，完全收復失地，領頭軍是Duncan的愛股Nvidia。一間當時已經7,000億美元市值的公司，單日可以再升20%！真的是史上未見，更加無法想像的是，今天他的第3本書《憑科技·贏自由》推出時，這間公司已經再升一倍多市值達到2萬億美元，而且Forward PE不是太誇張，因為AI的需求實在太大了，無論中美，各大科技公司都在搶這間公司的晶片，事情已經發展到這些科技巨企有AI不一定贏，但沒有AI就一定輸，甚至在未來無法生存。

這個時候一般人出書應該會大篇幅寫「一早講咗」之類，或仔細數說自己奮鬥艱辛的過程，如何捱過2022年最後守得雲開見月明，但Duncan沒有利用這個機會自我吹捧一番，而是回歸投資的最終目的——就是生活。在3本書中，每本都分3部份，應該是作者故意編排的：

第一本《科技戰國》：看科技的視野、看科技/看投資、看自己
第二本《AI投資時代》：觀念、科技和產業、企業

第三本《憑科技·贏自由》：通往財務自由、工作/過渡、退休/人生

前兩本像工具書或投資邏輯，去到這一本他明言希望集中討論生活及投資心態，包括他一直在blog所分享的FIRE 4%法則，在金融機構工作時所遇到的問題及規劃，以及如何過渡到財務自由的退休生活。這是一個已經達到財務自由的人的真實見證及心態分享，跟坊間大眾認為財務自由後「唔洗做」的幻想完全不同。

成功的投資者有幾個因素，第一是相信長線投資的重要性，第二是了解自己的能力圈，第三是不停挑戰自己的固有思維，最後就是強調紀律及良好的心理質素，以抵抗市況不好時的壓力。Duncan已經在市場證明到他全部達標，在科技中贏到了他的自由，所以我的第3個序不需再寫太多技術性的東西，只做兩件事。第一恭喜Duncan這3年在投資上的成功，希望你可以好好享受；第二希望讀者可以了解作者背後的思維及經歷，最後同樣找到屬於自己的自由。

《麥加文金融》：www.youtube.com/@MECHCalvinFinance

擁抱科技變革時代

飛鳥信宏
《飛鳥眼中大世界》Blogger

不經不覺，已為Duncan兄的2本書寫了序，今次很榮幸得到他的邀請去寫第3本書《憑科技．贏自由》的序。

首先也自我介紹一下，我出身於理科工程系及物理系畢業，在半導體硬件行業工作了12-13年。而Duncan兄則是位同時擁有3方面：金融、電子、IT知識的技術人才，成為架構師，因此對軟硬件大趨勢發展看得比常人遠，很幸運有緣認識他。大家談吐相當投緣，我是偏向硬件，他是偏向軟件架構，交談軟硬件內容等也相當廣闊有趣，除了投資，還有家庭，工作，攝影，電影，歷史，興趣等退休生活。

很高興聽見Duncan兄分享他把人生走過投資至退休的思考過程寫出，這是一本難得一見的書，成功退休有多少位。試問一下人生有2-3個10年，一轉眼已由20-30成了50-60的退休之年，作為AI掘起的年代，除了認識理解科技巨頭投資，更要好好地明白如何了解什麼是注碼控制風險，去做到FIRE財務自由，知道什麼是4%法則，如何在科技股缺乏派息之下 ，現金流的考慮，怎樣去融入自我投資性格，去建立他的投資邏輯，這書會一一導讀講解他所經歷的投資理財➡職涯規劃➡退休生活➡自我實現。

我又舉例說一下我所見過的事，老散戶們一向都是羊群行為，如BITCOIN，股票在2023上年半導體未爆升前，人人都去搶TESLA、APPLE，但不願意平價在谷底買NVDA、AMD、TSMC、ASML等科技巨頭。而今年2024開始天天炒AI科技，股價破頂爆升就人人想不問價

追　入NVDA、AMD、TSMC、ASML等。FOMO(FEAR OF MISSING OUT)錯失恐懼症是指沒有相關持股的散戶，所產生的不安與持續性焦慮擴散中⋯⋯相反早前買了APPLE、TESLA暗暗跌又問我要否止蝕⋯⋯

我身旁經常有友人問現在追入NVDA、AMD、TSMC、ASML、MSFT、GOOGLE等還有幾多「水位」⋯⋯老實講我真的不懂回答，谷底便宜時你不願買入，升市貴時追入心理負擔當然會重，所以我會叫他們買少少，以注碼控制風險(可是他們內心則是想重倉，看不起「少少注碼」)，以至一重倉就內心不安，睡覺也不安穩⋯⋯

也因此經常聽財演節目的友人同事們，欠缺自我分析思想，成日講偉大心理問題，如NVDA US $600是平，但在US $450又天天說「貴到離地」，但現在上升至US$ 700-800又說價值合理 ⋯⋯又如TSMC US$ 70-80風險大過US$100-110買入，為何他們對數字價格的理解奇怪到令人發笑，完全地違反常理，不合乎數學邏輯$3>$2>$1的簡單道理⋯⋯講出來很好笑，但事實上有多投資者，也控制不了心理在市場上的貪婪或怕跌中，因預期價格波動而出現不理性價值認知⋯⋯

其實這類的投資問題很好解決，由基本功開始學起，先了解科技巨企在這10-20年如何賺錢，回顧基本經濟學的知識，面對天天的新聞如通脹/通縮，了解系統風險(全球經濟大週期)/非系統性風險(天災、人禍、戰爭等等)，去溫故知新，明白什麼是科技巨企護城河，通脹/通縮會否影響科技巨企未來增長銷售等，這些科技知識方向軌道領悟更重要。

慢慢建立基本知識去面對牛熊市時，跟此書所介紹買賣ETF，是它們谷底收集指數的建立倉位更好信念，科技巨企始終會不斷輪替很少會出現長達30年仍在巨頭(少也是有如MICROSOFT/APPLE)，但更無情是消失(如MOTOROLA/NOKIA/PALM)，所以較安全中長線大包圍指數成份股如S&P500(VOO/SPY)，納斯達克指數QQQ，費城半導體指數(SOXX/SMH)或高科技指數(XLK/VGT)等，可以有效去分散地安全投

資數十年，並不需運用選公司知識，因為 ETF 已有指數管理公司去每季把合適上市公司加加減減，減少選錯失利個股頭痛。ETF 回報也較為穩定，只是每年 10-25%，但勝在可以執行複利效應年年遞增，達成投資價值實現退休目標可期。把人生最可貴的時間留下分配去工作、享樂、家庭，做自己更值得有意義的事。

切記指數創新高一向是科技創新股票所帶動，基本上很少見公用、地產、銀行、物流等傳統行業可以帶動指數創牛市新高。以往納指牛市 FAANG 投資已成過去，今年 2024 頭的美股牛市是由 Magnificent 7 上升所帶動 (科技7巨頭，特斯拉 (TSLA)、輝達 (NVDA)、Facebook(META)、蘋果 (AAPL)、亞馬遜 (AMZN)、微軟 (MSFT) 和 Alphabet(GOOGL))，對比起 DOW ETF，所以我們更應該偏向買以上那 4 類 ETF 是更可安全地年化正回報方法，如月供去收集 S&P 500、納指 QQQ、費指 SOXX、高科指 XLK 等。

當然學投資就是想獲取更高回報，首要必需自我建立個股倉位組合作投資，那請務必詳閱 Duncan 兄本以往出版的書《AI 投資時代》去了解每間公司的科投巨企深層業務，背後運作。相信 AI 人工智慧已經步入我們生活應用層面如 AI NOTBOOK/AI 電話 / 拍照修圖 /AI OFFICE COPILOT 等，也正是黃金起步期，商機無限，公司業務也是百花齊放。AI 人工智慧除了持續為你改善生活品質背後，我們要好好把握及擁抱這 AI 變革時代去領悟投資機遇。

最後祝 Duncan 兄一紙風行！

《飛鳥眼中大世界》Blog：aska-flybird.blogspot.com

科技賦能，智慧投資

威廉人

《威廉人投資筆記》Blogger

在這個科技日新月異的時代，《憑科技·贏自由》不僅是一本書的名字，也是許多人追求財務自由的生活哲學。本書旨在引領讀者走進 Duncan 的思考過程，從投資到退休，每一步都深思熟慮。

作者以過來人的身份分享如何做生涯規劃以達至財務自由，從求學到求職，再到退休。求學階段，培養邏輯思考；求職階段，增加主動收入；投資階段，增加被動收入；退休階段，開始享受人生。他說：「財務自由不是終點，退休不是生活的終極，退休應該是真正生活的開始。」

什麼是財務自由 FIRE？作者從它的基本定義出發，說明本金、年回報率、年期和支出的重要性。對於職場新鮮人來說，前期增加主動收入，讓本金增大，這跟職涯規劃有關；後期累積投資經驗，提高回報率，隨著時間的推移，增加被動收入。在整個過程中，都需要了解和控制支出。作者會利用 google sheet 記錄日常支出，還會計算需要保留多少現金儲備以足夠支持 1-2 年的生活支出。

在投資的過程中，投資者必然會面對以下情況，例如：止蝕、止賺、換馬。他經常回顧過去，不斷思考，看清自己，持續學習，尋找適合自己的投資方法，亦分享自己的經驗和想法。在「從能力圈到選股邏輯」章節中，他提到長線投資是希望企業的業務有增長，而增長因素有四種，包括：通脹、銷量增加、交叉銷售和結構性轉型，這有助投資者了解自己所投資的企業有哪些增長因素。

最令我印象深刻的是「科技版塊(Web 3.0)發展前瞻」章節中所分享的分析框架,作者提到互聯網的演變,從 Web 1.0 到 Web 2.0,再到 Web 3.0。Web 3.0 的科技應用的三個特色,包括:AI、區塊鏈和空間運算;Web 3.0 科技發展趨勢的三個階段,分別是半導體、基礎建設 / 裝置和軟件 / 服務。簡單來說,就是先研發及生產晶片,再安裝在硬件裡,最後在硬件上開發軟件,提供服務給顧客。然後,在「我的投資組合部署」和之後的章節裡,分享自己的投資組合和投資邏輯,並運用上述的框架(三個特色 x 三個階段)去分析他持有的每一隻股票。

說到這裡,讓我想起作者的第二本著作《AI投資時代》,因為他也設計了另一個分析框架,就是 AI 人工智慧產業結構圖,由底層開始從下而上,分析每個產業裡最具代表性的企業,還分享 AI 人工智慧產業裡三種類型的公司。想知道有哪三種類型?在此推薦大家購買一本來閱讀。

這本書是對於追求財務自由和生涯規劃的人來說,是一盞明燈,一本指南。Duncan 無論在求學還是求職階段,都是與科技相關的,建立起自己的能力圈,並設計一套投資科技股的分析框架。讓我們跟隨作者的腳步,一起探索如何憑藉科技,贏自由。祝您閱讀愉快,早日財務自由!

在此謹祝新書一紙風行。

《威廉人投資筆記》專頁:www.facebook.com/mrwilliam2016

擁抱市場波動，累積資產

Henry Cheang

《投資理財 10 分鐘講書》YouTuber

這次有幸提前閱讀了 Duncan 兄的新書，他的前兩本作品《科技戰國·尋找科技價值投資的故事》和《AI 投資時代·真的值得參與嗎？》我都仔細閱讀過。前兩本書聚焦於科技，而這本則更專注於投資，相信對一般讀者更易理解。

幾個月前我們相約喝咖啡，一開始我擔心第一次見面會找不到話題，畢竟他已在工作和投資上有了不俗的成就。然而，他卻願意分享自己的經驗，特別是在 NVIDIA 這家公司的投資歷程。到了 2023 年，NVIDIA 股價已攀升得令人難以置信，參與其中的人都大獲成功。而 Duncan 兄告訴我，他早在 2017 年就開始買入，平均成本是 50 多美元。

我相信很多人都會對此垂涎欲滴，但豐厚的回報後背，如果先要承受多次暴跌 50-80%，你還能堅持嗎？而 2022 年 NVIDIA 從 340 多美元暴跌至 100 美元，跌幅高達 70%，你還會持有嗎？但他卻能。坦白説，我無法自信地回答「我也能」。

然而在他的書中，他詳細解釋了當時買入 NVIDIA 的原因，以及如何應對股價下跌應有的心態和方法，對有意在股市中賺取利潤的人來説是非常寶貴的。

而他的背景與大多數人一樣，工作之餘將薪資用於投資，並沒有全花掉。透過投資在退休後實現財務自由，財務自由對於多數上班族來説，似乎遙不可及，或許缺乏儲蓄，或缺乏投資意識，但更容易缺乏的是對

未來生活的規劃。Duncan 兄最初也不是一名投資者，而是一名 IT 架構師，所以他由普通打工一族到慢慢累積自己的財富，這經驗更值得參考。

《投資理財 10 分鐘講書》Channel：www.youtube.com/henrycmc

這是人生規劃，這就是人生。

在我的第一本書《科技戰國》和第二本書《AI投資時代》，兩本書的結尾都同樣提到投資如經歷旅程。這次把畫面的視野再拉闊一點，長線投資和財務自由都需要個人財政規劃、工作需要職涯規劃、退休則需要財政規劃和生活規劃，如何去篇排和經歷這趟人生旅程，說得直白點，這就是人生規劃。

首兩本書的主題都是關於科技投資，內容包括科技知識、對科技行業和企業的分析，是比較理性的外部世界。來到第三本書《憑科技‧贏自由》，主題是透過長線投資去達至個人財務自由，除了科技內容，有一定比重的內容是關於個人面對投資市場、投資心態和情緒管理，這是比較感性的內在世界，卻影響著我們的投資策略和行為。兩個世界不是矛盾、不是互相排斥，兩個世界在投資的過程中互相補足。

本書內容

本書的內容，由財務自由和長線投資開始，到經營自己工作的職涯規劃，以退休和談人生作為總結。

這本書不會介紹大量股票，亦不會帶給大家什麼快速致富之方法。相反，我相信長線投資、相信價值投資、相信企業價值，經歷時間去創造價值，透過企業成長而獲得回報。長線投資是知易行難的，除了要不斷

檢討以確保企業質素，更重要的是把真正的優質企業緊緊抱住，長線持有是一種「沒有操作的操作」。投資者即使買入了優質的股票，往往經不起股市升升跌跌的考驗，股票升了就賣出，股票跌了又賣出，未能真正享受長線投資帶來的成果。

特別想強調工作和退休的內容部份，財務自由所包含的長線投資過程，在投資的時間線旁邊就是工作和退休生活，可以說是雙線並行；工作時需要投資，渡過退休生活都需要投資。用這個角度所看到的畫面會更加立體，透過工作可以在薪金和個人層面有成長，對投資有幫助。當退休之後沒有工作，仍然可以在其他個人方面成長。投資在我眼中，就是整個人在各方面的總和，包括：世界觀、價值觀、性格、處事風格等，各項都息息相關。

本書的封面提及「財務自由人」一詞，我想特別強調「人」的元素。內容是來自我的個人經歷，包括失敗經驗，自己在研究投資過程中的所見所聞，發展出自己的思考方法。期望大家看完本書，可以作為一個參考，然後消化，再選擇合適的部份去應用在自己身上，這是一個十分個人化的過程。

寫書過程

在寫書的過程中，翻開自己腦海中的記憶檔案，我界定2016年為自己個人投資的分水嶺，開始用真正認真的態度，去學習投資、去面對投資。由2016—2023年的8年間，一步一步慢慢去學習，漸漸建構出自己的想法和方法，但是否正確？事前是不可能預知的，投資著重實踐，在過程中碰上錯誤，作出修正，再碰上錯誤，再作出修正，不斷優化。投資不是要預先知道答案，而是透過實踐去找答案。

心中閃過關於這本書的構思和主題，其實是在2023年初，即是一年多之前，但當時未有展開此計劃。首先是因為2023的上半年，我最終選擇投入去寫《AI投資時代》，其次是給自己多一點時間，一面過著退休生活，一面思考和經歷，是「現在進行式」。而這些我自身的真實經驗，都成為了本書的真實個案，並與大家分享。

關於本書的寫作風格，我自己比較喜歡透過説故事和生活化的例子去表達，多於純粹列出一大批理論和定義，最重要的還是背後要帶出的思想和意思。

由於自己過去的 IT 工作背景，經常要跟不同部門的同事溝通，向他們解釋新科技，對象包括沒有太多科技背景的同事，所以我想將科技知識以較淺白的形式表達，令普通人都容易明白，這一直都是我寫書的初心，也是科普的初心 (科普，科學普及的縮寫，或者稱作流行科學或大眾科學，英文是Popular Science)。對科技知識了解越多，越有助建立對於科技行業和科技企業的分析能力，對相關的科技投資亦必定有幫助。

衷心感謝

多謝你們作為讀者的支持。在網絡的年代，資訊爆發，看書漸漸成為一小撮人的奢侈慢活行為。不過其實這不是壞事，我相信獲取知識沒有捷徑，選擇看書是一種對知識追求的堅持，需要時間和耐性，更要經過消化和沉澱。

多謝天窗出版社的內容總監Wendy和編輯Alba，她們給予我專業的意見和寫作方向。多謝天窗出版社的安排，令本書可以面世，期待透過這次合作接觸到更多讀者。

多謝止凡、亂博、麥加文、飛鳥信宏、威廉人、Henry 為本書寫序，給予我的支持。慶幸有緣認識你們，更要多謝你們在實體見面或者是網上交流時，大家的討論總會給我不少啟發。

旅程的經歷和目的地都是同樣重要。希望大家會享受由閱讀以至看完本書的體驗。

Duncan
2024 月 3 月

duncaninvest.blogspot.com

t.me/duncaninvest

facebook.com/duncaninvest

instagram.com/duncannewinvest

序幕

客廳中的音響播放著 Kula Shaker 的 Last Farewell。

時間是 2022 年尾，年青人 P 收拾好行李，買了機票，香港的出入境措施漸漸走向疫情後的復常。臨出門前，使用家中的電腦發完電郵，還記得把家中所有電器關上，因為將會有一段時間不在家，匆匆離開，踏上旅程。

旅程的經歷和目的地都是同樣重要。

投資如同一趟人生旅程

在英語世界的投資資訊，常見到「FIRE」這個字，即是「Financial Independence, Retire Early」的縮寫，意思是財務獨立、提早退休，相當於我們說的「財務自由」。不過有一個特別之處是「Early」，時間上早一點，在早於法定的年齡退休，可以早一點去自由選擇，可以運用的時間就會多一點，算是可以早一點和多一點掌控自己的自由。

我在金融機構從事了大約30年IT工作，2021年中提早步入到退休的生活，從上班族過渡到財務自由人。

我希望藉本書分享自己的投資經驗、投資心態、想法和心路歷程。很多時候當談到退休的安排，就會首先出現一堆金額數字，然後是買什麼投資產品、買什麼股票等問題。這使我聯想起買洗衣機，隨機附送的說明書，只要按照指示的步驟按掣，就近乎能肯定的合上眼睛去自動完成整個洗衣程序。不過，投資的過程不是這樣。

不一樣的理財投資書

投資和人生很相似，當中涉及很多不同的因素和變數，尤其是人的因素。

S&P 500是美股中其中一個最有代表性的指數，打開歷史股價圖

(1958-2023)，即使出現過無數次調整，長期的反複而上升趨勢十分明顯。

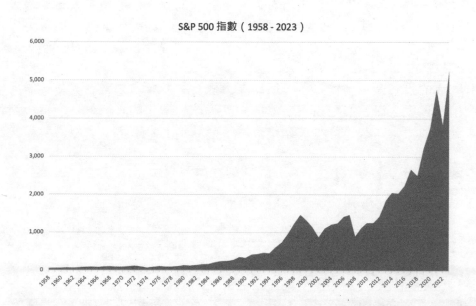

S&P 500 指數（1958 - 2023）

「長線而言投資美股都賺錢」，這個結論和大部份投資者的普遍認知似乎有頗大落差，股票市場中多數人不是都在蝕錢嗎？是否因為選錯股？其實導致這落差的其中一大原因無關乎投資的股票，而是在於投資者本身，實踐長線投資是知易行難。

我自己主要是透過長線投資美股科技股達成 FIRE，但即使同樣是買美股，甚至同樣是買科技股，每位投資者的回報都不一樣，這就是「人」的因素。

我看過市面上關於財務自由的書，比較多都偏重於個人財務數字的操作層面，這的確是財務自由計劃中的重要考慮，不過，在計劃執行時，投資市場的起跌造成的情緒上的起跌，心理質素和風險管理往往是在執行計劃中影響效率和成敗的重要因素。

而我在書中分享的，是我的思考過程中的一些框架，為大家提供一個參考，希望大家覺得有幫助。世界上有很多不同的方法，我分享的是我使用過的方法，不代表全世界所有人、所有情況都一定適用，最重要是大家首先要了解自己，才能因應自己的情況，然後選擇適用的部份去應用。

由於我的投資是以美股為主，所以本書提及的投資市場都會著重美股。這不代表完全否定其他投資市場，大家可以參考我的思考方法，然後因應自己的情況，去思考，去調整應用，或者加上分散市場風險的考慮。

本書主要分為三個部份，分別是：「通往財務自由」、「工作、過渡」和「退休、人生」。

第一部份：通往財務自由

這部份是本書的核心，當中會簡介財務自由的基本概念和原則，如何透過長線投資去支持退休生活的衣食住行。特別花了不少篇幅去討論個人面對投資市場的態度和心態。

長線投資著重長遠的眼光和思維，在漫長的投資過程中，可能經歷無數升升跌跌的煎熬，很多時候往往是自己打垮自己。在投資的過程中，最大的敵人就是自己。首先校正投資心態，學會如何在逆境中自處，就會比較容易渡過低谷，才可以看到曙光，享受成果。

思考框架、想法、做法

投資最重要的是什麼？我會把心態放在首位，它比投資的操作更加重要。你有怎樣的心態，會影響你如何去解讀及認知投資的世界，繼而影響你的投資操作。心態影響行為，行為影響結果。

我會分享自己的做法，但它不是唯一的重點，更重要的是想法和背後的思考框架。你可能有不同的想法，自然有不同的做法，這都是很個人化的。不過，你可以視我的思考框架作為一個參考，我是如何生出我的想法，然後就是我的做法。

投資應有的心態不是去直接複製別人的做法，而是先去了解和分析。了解投資世界之外，更重要是首先去了解自己，才可以找到合適自己的方法。心態是投資最底層的基礎。

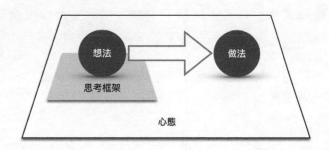

第二部份：工作、過渡

有些人可能面對超大的工作量，造成沉重的工作壓力，或者加上工作環境中的種種不如意，於是以達成財務自由為目標，期望早日脫離「跑倉鼠圈」的生活，認定工作和財務自由勢不兩立。

這部份會簡介工作在建立財務自由的過程中，兩者並不是處於完全的對立面，如何令工作成為助力，幫助建立財務自由。對於大部份人來說，工作都會佔人生中不短的時間，因此更需要用心去經營，可以令到個人成長的同時，亦作為個過渡至退休的過程。

人生的圖畫

在工作時，有薪金收入作為儲蓄及進行投資，去令到資產增值。退休後，只能透過積蓄及投資去支持餘下人生的生活支出。投資理財是必須正視和解決的問題，涉及一個長時間及可持續的計劃。

工作和退休，在時間線上和投資是並行的，我會分享工作和退休當中的想法和心態，這是更加全面去看人生規劃，投資理財是其中一個環節。

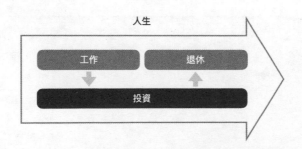

工作、儲蓄、投資、累積資產，是一個長時間的過程，當我們站在起點，終點似乎遙不可及。可能未開始之前，自信心已經被自己擊倒，又或者在過程中遇上困難，感到灰心而想放棄，因此及早制訂可持續的計劃就更為重要。

第三部份：退休、人生

這部份會分享我在提早進入退休生活的兩年多的所思所想，包括面對投資市場的波動，生活和思考的點滴。

財務自由不是終點，退休不是生活的終極，退休應該是真正生活的開始。財務自由帶來的不只是金錢回報，更重要的是自己對於生活選擇權的一份自由。當工作不再成為每日起床的動機和生存目的，一但沒有工作，有人可能覺得沒事可做，甚至感到迷失。如何思考去過怎樣的生活，這是關於生活的意義，甚至是人生的意義。

千里之行始於足下

退休後的兩年多，和舊朋友見面閒聊，談到自己的退休生活和財務安排，發覺有部份朋友開始計劃退休，但從來沒有投資經驗。我再回顧自己過去的兩本書《科技戰國》和《AI 投資時代》，都是從科技知識出發，再到科技行業和企業的分析，說到底都是有關選股。但如果欠缺投資經

驗，在投資的起步階段，更加重要的是校正投資心態和概念，否則勇往直前去選股，可能招至焦頭爛額，卻未必達到長線投資的效果。本書回歸投資的初心，從認真了解投資世界開始，是重溫自己的心路歷程、重新出發。

投資涉及不確定性，不確定性涉及風險，由於投資者承擔了風險，才可以期望得到潛在的回報。正是由於這個不確定性，我們的目的不是去找到一個絕對的答案。很多時候投資者不了解投資的風險，而且不了解自己，造成錯配，最後很大可能是虧損收場。了解投資的風險，加上了解自己的風險承受能力，找出一個合適的平衡，才可以繼續前行。

投資是在不確定性中，找尋相對大一點的確定性，而不是絕對的確定性。

堅持不一定成功，但是沒有堅持很難會成功(視乎是否選對股票，都是一種不確定性，不能過度簡化成功)。

堅持，通常正是在不確定的情況之下。如果確定，怎麼還需要去堅持。

世界上沒有「無痛投資必勝方法」，如果有這種方程式，我們就不會見到大部份人仍然每天營營役役在努力工作，為口奔馳。在投資市場中贏錢的人只是少數，願意付出努力的人，往往賺取了一心想不勞而獲的人手中的金錢。投資需要付出努力去學習，相信你的努力，最終會在投資回報中反映出來。

「千里之行始於足下」，這句話出自老子的《道德經》。任何漫長的旅程，都需要先踏出第一步，著重實踐，旅程中會有很多無法預期的遭遇，甚至會犯錯，需要的是時間和耐性，成果是靠一點一滴累積而來的。

第一部份：通往財務自由

投資是在不確定性中，

找尋相對大一點的確定性，

而不是絕對的確定性。

第一章 由投資走到 FIRE

1.1
金錢與資產

本書的第一部份是關於財務自由，我們就由「資產」與「財務自由」的概念講起。

金錢是計價單位

一個漢堡包，一碟叉燒飯，都可以令饑餓的人飽肚，食物的功能就是它的價值，是很實在。不管出售的地方用美元(USD)或港幣(HKD)計價，假設有一天市場不再用美元或港幣，到時總有新的計價和付款方法，一個漢堡麵仍然是一個漢堡包，一碟叉燒飯仍然是一碟叉燒飯，漢堡包和叉燒飯的功能就是價值，沒有改變過。

如果明白以上例子，應該能理解和認同「價值」的概念。

而對於股票資產，重點不是當下這一刻的價錢，更重要的是股票的背後，即公司。尤如漢堡包和叉燒飯使用的食材質素、份量等。今天我持有 10 股 XX 公司的股票，一日後，一個月後，一年後，其間股價可能升升跌跌，但股票的真正價值仍是背後的公司。隨著時間，公司的價值可能改變；金錢的價值，亦同樣可能會變。

QE是萬惡之首

最簡單地理解，量化寬鬆(Quantitative Easing，簡稱QE)就是中央銀行將資金注入市場，希望從而刺激經濟的一種貨幣政策，亦即俗稱的「印銀紙」。

2008 年發生金融海嘯至2019年，近十多年間美國都輾轉採用 QE救市，由多次QE，到減QE，到停QE，到縮表……QE的成效如何？縮表所見聯儲局資產負債表中的資產，由高峰的4兆多美元減到3兆多美元，減幅是何其小，整個過程又很漫長。

不過，當2020年環球疫情爆發，一年之內數字又升到約7兆多美元，升了接近一倍。

未來即使有什麼收緊政策，只怕停QE和縮表的進度，還不及下一次金融危機或衞生危機來得快。

各國政府眼中，QE能醫百病。

在疫情期間，美國政府透過QE救市，如果我們手上持有美元(或港元，因為港元和美元掛鈎)，我們手中的「金錢」就會不斷被「溝淡」，我們等於自動參與資助美國的公司和市民。

美元作為一種「金錢」，一種可以無限量供應的東西，它代表的價值是什麼？(美元只是例子之一，其他使用QE「印銀紙」的國家，其貨幣情況都是類似。)

QE令資產價格被炒高

最初牛肉的價值：

• 1斤牛肉＝5斤米

當牛肉供應增加，其他因素不變，牛肉變得不及以往般有價值：

• 1斤牛肉＝4.5斤米

這是經濟學中的需求與供給 (Demand and Supply) 的邏輯，加上在兌換上用數學可以解釋。

和有沒有涉及炒賣無關，有沒有炒賣是後話；在沒有QE的時候，同樣有炒賣。QE和炒賣是兩個概念。

重點是QE令到錢不值錢，所以用金錢計價時，股票價格自然上升了。

金錢、資產、富人思維

那現在停QE，是否就不應買股票，盡量囤積現金才是上策？

但你有沒有見過亞馬遜 (Amazon) 主席 Jeff Bezos 會表示：「不行了，聯儲局收水或者加息，股票將會大跌，我要沽清手上的 Amazon 股票」？

學習富人思維，閒置的資金等於沒有發揮金錢的作用，極其量只可以存入銀行收到微薄的利息。富人會為金錢尋找投資機會，把金錢換成資產，例如：投資自己或別人的公司的股票、物業等，這種心態對財務自由十分重要。

被動收入與財務自由

資產可以產生現金流，作為被動收入。

被動收入

「被動」是相對於「主動」。

主動收入就是通過我們慣常的工作，透過我們主動付出的體力或者腦力，直接主動參與工作而獲得收入。做到老，手停口停。巴菲特曾説過：「如果你沒辦法在睡覺時也能賺錢，你就會工作到死掉的那一天。」

被動收入是透過你擁有的資產，資產會自己運作而獲得被動收入，無需我們的直接主動參與，例如：物業、股票等。

以股票為例，你買了蘋果(Apple)股票，你就有了作為蘋果股東的身份，你不需直接介入公司的運作：

• 當你還做著自己的工作、或者放假、或者旅遊、或者睡覺中，工廠仍然在生產iPhone智能手機和Mac電腦，蘋果實體店和網店仍然在做銷售，產品設計部仍然在研發新產品，CEO Tim Cook仍然在管理公司。

• 蘋果公司獲得收入和營利，部份的收入和營利歸你所有，因為擁有股票代表擁有企業的一小部份。

- 蘋果公司把一部份的盈利以股息派發給股東；公司業務有增長，股價上升，如果你賣出股票，就得到正回報。

- 關於被動收入，就是你沒有介入公司的運作，資產可以創造出價值，就是資產為你工作。再推遠一點，當你退休之後，資產仍然用著以上的方式為你工作，被動收入支持你未來的生活支出。

股票以外的其他資產亦可以帶來現金流，即被動收入：

- 物業出租：你作為業主擁有物業，需要去面對租客、管理租務和處理維修等，你並非完全沒有介入其中，不過這些動作只會佔小部份時間，其餘大部份時間物業都是放著讓租客使用，就可以收到租金，所以都是被動收入。

- 經營生意：你作為生意的擁有人，通常需要主動界入業務的日常營運，如果是這個情況，就不能作為完全的被動收入。如果你可以令業務走上軌道，然後將管理任務交給經驗豐富的員工，把自己的界入程度減到最低或者不需介入，這就成為被動收入的來源。

所以，當**資產**為你帶來的被動收入足以應付生活，你不用怕手停口停，有自由去選擇工作與否，這就是**財務自由**的基本概念。下一章節，會作更深入的解説。

「贏輸賺蝕」的一生

很多人一邊慨嘆儲錢難，一邊將現金存入銀行，因為怕投資有風險。我想跟大家分享一則網絡故事：

一個和尚背著砍了的柴，在路上遇上一個年青人，年青人手中握著一隻蝴蝶。年青人要求和尚和他打賭：「你講出我手中的蝴蝶是活的還是死的？如果說錯了，你砍了的柴就歸我。」和尚猜蝴蝶是死的。年青人回答：「你說錯了！」於是張開手，蝴蝶從他手裏飛走了，根據大家的協議，柴就歸年青人，和尚快樂地離開，年青人不明白和尚的反應。

回到家中，年青人把事情向他的父親交代，年青人卻被父親打了一巴掌，兩人到寺院見和尚，把拿到的柴交還給和尚，父親說：「我的孩子得罪了你，請你原諒。」和尚點點頭，微笑不語。

在回家路上，年青人忍不住向父親問個究竟，父親回答：「和尚如果說蝴蝶是死的，你會放了蝴蝶，你贏了；和尚如果說蝴蝶是活的，你便會捏死手中的蝴蝶，你都是贏了。你以為對方不知道你的盤算，和尚輸了的是作為賭注的一擔柴，贏得的是對萬物的慈悲。」

贏、輸、賺、蝕，常常折磨我們的一生。

持有資產比現金更實在

投資的確有風險，但並不等於「持有資產」一定不安全。很多投資者純粹視股票為交易工具，唯一的功能是透過買賣交易去賺差價，以期望得到回報。買入股票後，就不斷盤算何時把手中股票脫手，當股票下跌

了，要急急賣出股票，當股票上升了，同樣要急急賣出股票。其實他們骨子裡不是真正相信背後的資產，不相信企業本身。

Jeff Bezos 擁有自己創立的 Amazon 的大量股票。可能你會舉出新聞報導某某公司 CEO 或者管理層都有時賣出股票，必定是公司出了問題，我覺得要看個別情況。如果賣出了 5% 的持股而大肆報導，是否忽略了仍然持有的 95% 持股？如果有一天見到他賣出了 50% 甚至是 100% 的持股，投資者就要認真去審視公司的情況了。

「金錢」作為一種資源，它的意義和功能在於被運用及流動，只是單單持有現金，其實是浪費了它的功能。你把現金存入銀行，為何能收到利息？因為銀行把你的這些現金借給其他客戶，從他們身上收到更高的利息，這正是令金錢流動，發揮金錢的功能。企業家的目標就是盡量利用手上的資金投入到企業中，期望企業可以營運及成長。投資者擁有股票，即是擁有企業一部份股權的憑據，投資者要有企業家的視野，好好運用資金，透過企業成長而得到投資回報。

如果認同了以上概念，每日每時每刻閃動的股票價格數字，其實不是最值得關注，最值得關注的是資產的質素。如果你對企業非常有信心，相信它的發展潛力，那在投資市場面對股價下跌，都沒有什麼大不了，持有資產比起持有現金，其實更加實在。

現金不斷在貶值，正如我在前文問大家，如果美元可以無限量供應，它的價值到底有多實在？持有現金不願投資的人，是害怕投資有風險。但他們不明白，持有現金都是一種風險，因為等於你投資了現金，而貶值就是最大的風險。

擁有「金錢」自動成為受害者

基層人士或一般打工仔，收入相對不高，每月的金錢收入可能僅足以應付生活支出，或者加上少量儲蓄，通常未必持有其他資產。QE 令「金錢」貶值，「金錢」的購買力不斷下降，他們就會自動成為 QE 的受害者。

「金錢」比虛無更加虛無，但「金錢」不是萬惡，QE 才是萬惡。

「金錢」無限供應，長期之下，持有現金必輸。

但資產是有限的。

優質資產，更加有限，有價有市。

思考——跳出「贏輸賺蝕」的人生

前文和大家分享的和尚和年青人的故事，值得細味。

和尚、年青人和父親，代表了三個不同看事物的角度。

我喜歡用哲學角度看問題，尤其是在投資的過程中。哲學中常常觸及到，面對一個問題的核心時，所強調的未必是一面倒的單一絕對答案，每一個答案是基於一個前設和角度，不同的前設和角度就會得出不同的多樣性答案。有了這種視野，你就會用新的角度看金錢和資產，看到的投資世界就會不一樣……

你看到的不再是「金錢」，而是「資產」。看到的不再是一隻股票在每一刻閃動的股價升跌數字，而是企業的長遠發展。焦點不再是去實現個別

股票的一剎那回報，而是整個投資組合的長期可持續性。每當面對投資市場的波動，就會有一種平常心。

多角度的思考，可以令自己盡量保持一種開放態度，嘗試多去了解其他人的想法，同時有機會發現自己的盲點，加以修正。和尚首先有自己的想法，然後去了解年青人的想法，最後和尚作出的判斷是對於年青人的盤算的盤算，這是一種思考的超越，就如投資市場中的博奕。

父親同時了解和尚和年青人的想法，父親看到了一幅更濶、更宏觀的圖畫。

當你換個角度，望得更濶，也會對人生中的贏、輸、賺、蝕，有了不一樣的看法。

1.2
財務自由 提早退休

巴菲特：「很少人願意慢慢變為富有。」

「財務自由」這個詞語近年有普及化及年輕化現象，初入職場者可能提起財務自由，大學生或者甚至中學生都提起財務自由。有了目標，是要配合計劃及行動，包括：提升財商、良好支出習慣、儲蓄、投資透過實踐等，否則什麼目標都只是空談。另一重點是管理自己的期望(manage expectation)，有了以上目標，不代表一年或者兩年就會完成。

很多20-30歲的YouTuber都說自己財務自由，但真正的成功機率是多少？若你以這些YouTuber為目標，決意30歲前要達成財務自由，會不會因目標時間太過短促而影響自己信心，打亂自己的計劃，或者採取過份急進的手法？

財務自由的定義

在數字上，財務自由的基本定義：

被動收入 (投資回報) >= 生活支出

一年的被動收入 ＝ 資產 x 年回報率

資產 ＝ 本金 x (1 + 年回報率)^{年期}

要達到上面被動收入大過生活支出的條件，代表資產的規模要足夠大，代表要從這三項：本金、年回報率、年期去著手。

年期

長線投資，透過企業成長累積回報，需要時間和耐性，需要紀律和持之以恒。

在大多數正常情況下，滾大資產需要時間，可能直到 40、50、60 歲，這是因人而異，不過如果要求特別早，例如 20-30 歲，由於年期的時間上比較短，在操作上可能從年回報率和本金去著手。

年期是關於時間性，不單單是複式效應之下帶來投資回報去累積資產，累積投資經驗亦需要透過時間而達成。

年回報率

如果年期不夠長，就要提高年回報率。

在提高年回報率的同時，通常亦提高了風險。要計算成功率，一次成功是否代表每一次都成功？需要有可持續性的考慮。

例如：有人因為一次賭博而突然之間得到巨額財富，不過賭博不是長遠之法。亦可能因為本身欠缺理財能力，不少人最終是破產收場。

本金

如果年期不夠長，加上年回報率不夠高，就要提高本金。

如果是初入職場，收入一般不高，除非本金是來自橫財或者獲得遺產。另一可能性是透過使用槓桿，以較少的本金去進行一個較大金額的投資。

使用槓桿涉及技術和風險管理能力，不可以低估此要求。另外如果是初入職場，理論上應該投資經驗不多，要檢視自己是否有能力好好管理，否則使用槓桿弊多於利。

支持生活要求，必須要考慮可持續性。是否長期使用槓桿，或者是使用槓桿到去槓桿的過程，不可以忽略。

使用槓桿有機會加大回報，同時亦有機會加大虧損，不可以一面倒只看到好處，忽略壞處。在投資市場大跌之時，不少使用槓桿者是最先被抬出場。

支出

財務自由條件公式的右邊是支出，如果支出越小，達到財務自由的目標時間可以越早。

有金錢不一定快樂，但是金錢是生活中必需的。我偏向讚成是合理消費，這個「合理」有個人演譯成份。相反過份節儉可能成為一個守財奴，亦違背了金錢的其中一個用途是改善生活，應該建立記錄支出的好習慣。

如何計算支出

我自己使用Google Drive的Sheet(類似Excel)去記錄支出，由於檔案是儲存在雲端，可以在智能手機或者電腦上隨時隨地更新及查看，亦減少檔案遺失的機會。

市面上有記錄支出功能的手機應用程式，要小心選擇，如果供應商的規模較小，或者少人使用的手機應用程式，有可能在一段時間之後不再支援，甚至公司關門，導致記錄失掉。

我習慣通常只會記錄大數目層面，每個月做一次總結，例如：提款機提款1,000港元、支票付款500港元、自動轉賬交電費300港元、信用卡還款3,500港元等。我不會執著於去記錄衣食住行的每一個支出細節數字，不值得花大量時間去做。

習慣記錄支出，可以達到以下目的：

- 監察支出，如果發現某一個月的支出大幅上升，就去研究細節跟進。

- 累積數年的記錄，了解自己的消費模式，同時這個平均數就成為計算財務自由條件的基礎。從2016年至2023年的記錄，我

發現自己的每月支出頗為穩定，自然對數字掌握上有信心。

記錄的細節做法因人而異，以上可以作為一個參考。

不過，如果20-30歲達到財務自由，而生活中的考慮主要是個人支出，在計算上可能不夠全面。之後如果經歷人生中改變，包括：結婚、買樓、生兒育女、子女升學，供養年老父母等，到時的支出可以是年輕時的幾倍。

投資可以對抗通脹，但不一定可以解決人生歷程中帶來的支出上升。「財務自由」是一個動態狀態(Dynamic Status)，今天到達財務自由的狀態，隨著時間有可能又變回財務不自由的狀態，面對重新進入職場等問題。

40、50、60歲不是一個絕對的時間門檻，不過可以相對較為肯定的是個人的人生經歷狀態，所計算的支出是比較合理水平，而且是可見未來的可持續合理性。

財務自由的資金門檻

那到底要多少錢才算是達成財務自由？ FIRE財務自由慣常使用「 4%法則」，即是以4%作為一個保守的回報率假設，並每年從投資組合提取4%現金應付生活開支。

資金＝每年支出/年回報率＝每年支出/0.04＝每年支出x25

這個就是你的財務自由的資金門檻。到真實的操作中，可以考慮以上資金規模的1.5x或者更多，作為安全性的緩衝，以應對不可預期的情況，令自己更安心。

如果你站在起點，看到這個資金目標好像很遙遠，甚至感覺這個長期目標似是遙不可及。比較實際的做法是首先定下長期的計劃，然後定下短期的目標，例如：到達100萬港元或者200萬港元，每3年或者5年去檢討一次，當你見到計劃慢慢有進展，就可以一步一步建立信心。你把每月的儲蓄放進去投資是加數，投資本身回報帶來的增長是乘數(x年回報率)，長時間之下後者是複式增長的效果，投資增長的速度會比你的想像中為快。

走向財務自由的重點

- 首先，透過儲蓄和投資，資金會逐漸累積而滾大，這需要時間，所以耐性和紀律是十分重要。尤其當面對投資中的逆境和困難，容易感到灰心而想放棄，或者打亂了原先定下的計劃，感到迷失。

- 其次，年回報率越高，需要的資金越少，不過不能盲目去追求高回報，而忽略了風險，最終可能得不償失。掌握年回報率有兩個目的。第一，影響資金的滾存速度。第二，作為計算退休後的被動收入去支持生活支出。要掌握自己的年回報率，最好是從一開始投資就做好詳細記錄，累積5-10年的記錄，最好包括了牛市及熊市的不同情況，以複式計算，平均後的年複合增長(CAGR)為年回報率做參考。

- 達到財務自由的關鍵條件，就是要支持退休後的支出，有人會考慮搬到物價相對較低的地方居住，從而降低所需的資金門檻。即使未退休，在物價相對較低的地方居住，都可以加大儲蓄的可投資資金，如

果維持收入不變，近年遙距工作更加為人所接受，數碼遊牧／旅居生活成為一種生活方式。

思考——從工作中累積人生經驗

未到退休年齡，或者相對年輕的年齡，是否應該退休，坊間常常有這一類話題的討論，我自己偏向不想糾纏於是否應該退休或者對錯問題的討論，因為每一個人的情況可以不同，涉及價值觀，容易跌入不停爭論之中。而且 FIRE 財務自由強調是選擇權，即選擇的自由，應該包含多樣性。

FIRE(Financial Independence, Retire Early) 中的「E」是「Early」，何謂早沒有一個絕對定義。現時香港沒有法定退休年齡，根據規定要到 65 歲才可以領取作為退休金的強積金，可以以此作正常退休年齡的一個參考。未到此年齡已經累積有足夠資產，表示儲蓄投資有道，應該是好事值得高興。

我比較多留意的是基於不同的選擇，要考慮什麼，會遇到什麼困難或者挑戰。如果可以解決或者控制好風險，就沒有問題。如果未可以解決，就要特別小心注意風險及相關考慮。這個亦是特別提醒自己，在財務安排的操作上要去特別留意。

不過，亦見到不少討論中，工作和財務自由好像互相排斥，水火不容。

投資是一個人各方面的總和，我相信工作的其中一個重要得著是令個人成長，自然都可以對投資有幫助。在本書的第二部份再討論。

1.3
FIRE 的「階段性勝利」

在集中講投資之前，我想藉一個KOL個案，引發大家對於財務自由的更多不同思考。

早前有一個KOL(Key Opinion Leader/網紅/網絡紅人，指互聯網上特別有影響力的人)，24歲公佈儲蓄到100萬港元資產，達到財務自由的目標，裸辭，環遊世界。

很多人都從財務自由聯想到退休，但其實達到財務自由，是一個狀態，而對於是否工作，可以有多個不同的可能性：

1. 繼續原有工作。

2. 繼續工作，但可以選擇比較清閑和收入比較低的工作。

3. 廣義的「工作」，沒有金錢收入，例如：義工，慈善，可以為社會帶來價值。又例如：創作內容分享 / 寫 Blog，不收費，我認為都是同一種類，對於觀眾 / 讀者 / 別人，可以帶來價值。

4. 「最想做的事就是什麼事都不做」，週遊列國，享受人生。

但不工作可能是這刻的狀態，對將來還需要有更多的規劃。

可持續性的考慮

100萬港元資產，真的就足以達成財務自由嗎？如果以慣常 FIRE 的4%法則考慮，每年有40,000港元為被動收入，每月有 3,333 港元。

以這個金額在香港生活，要照顧衣食住行，應該不足夠。

如果選擇旅居 / 環旅世界，只可以選擇生活指數比較低的地方，或者是窮遊模式。豐儉由人，都是個人選擇，否則又怕跌入價值觀的爭論。

如果餘生不是全部時間在旅居 / 環遊世界，終會回港，到時是我最關心的可持續性問題，既然3千多元的金額好大機會是不足夠生活 (假設這是投資的被動收入，會跟隨通脹而緩緩上升，但未必能彌補地區之間的物價差額)，是否要退回到「財務不自由」的狀態？到時必須工作，但因已離職一段時間，重操故業未必可以維持原本的工作薪金。這是一個可持續性的問題，或者要長期保持數碼遊牧 / 旅居，只可以選擇生活指數比較低的地方 (變相是限制了選擇生活地點的自由)。

不是對與錯之分，反而想強調如果回到本港生活的可持續性風險，假如環遊世界 / 數碼遊牧 / 旅居是一個夢想追尋，這些因素都是需要考慮。

一個人單身，對比結婚組織家庭，生兒育女，到供養長者，支出可以是以倍計增加。有人亦會選擇不婚主義和不生小朋友。無論如何，越早到達財務自由，人生生命成長所帶來改變的風險就越大，不可以忽略。

其他收入來源

利用100萬港元資產，以「錢搵錢」，假設的4%回報是被動收入。KOL表示有其他收入，包括：YouTube/Patreon/線上課程去分享投

資資訊、自由工作者(Freelance)、市場推廣合作等。KOL不是真正退休,而是不再從事原本在香港的全職工作,可以説是改變工作模式。

YouTube/Patreon/線上課程,是需要主動參與付出勞力去製作內容,屬於主動收入。不過製作出來的內容可以累積成為資料庫,未來有機會可以不斷帶來收入,同時有被動收入的特質。

生活地域的選擇

100萬港元是否足以環遊世界?這一種旅遊模式,亦有可能結合到數碼遊牧或者旅居,當中亦視乎每一個地方停留的時間,如果有工作的話,代表放工後的晚上和週末才能真正享受旅遊。

數碼遊牧,只要有互聯網連線,從事的工作不會受到物理地域上的限制。經過三年的環球疫情洗禮,很多行業對於在家工作(WFH,Work from Home)的接受程度大幅度提高,甚至是遙距工作,指不在同一國家及同一城市中工作,間接地令數碼遊牧更加流行。根據CNBC在2023年的報導,十大正在快速成長的數碼遊牧選擇落腳地,其中有9個地點位處於亞洲:

排名	城市	國家
1	東京	日本
2	峴港	越南
3	首爾	韓國
4	吉隆坡	馬來西亞
5	檳城	馬來西亞

6	蒙得維的亞	烏拉圭
7	馬尼拉	菲律賓
8	河內	越南
9	胡志明市	越南
10	盧布爾雅那	斯洛維尼亞

根據Statista統計，2022年美國數碼遊牧人數達到1,690萬，並且正在穩定成長。當中出於多種原因，包括：使生活更加靈活、對旅行的熱衷、以及擺脫傳統工作的模式。

流行的數碼遊牧工作職位

部落格/博客 (Blogger)

數位行銷 (Digital Marketing)

數位企業家 (Digital Entrepreneur)

線上老師/導師 (Online Teacher / Mentor)

客戶支援代表 (Customer Support Representative)

影片創作者 (Video Creator)

作家 (Writer)

軟件開發人員 (Software Developer)

設計師 (Designer)

資料來源：KDAN Mobile

成為數碼遊牧，三項關鍵的技能：

- 在專業領域的技術熟練程度，例如：網頁開發、設計、內容創作等，都是遠距工作成功的基礎。

- 在應對不同時區、不斷變化的工作環境、以及旅途中意想不到的挑戰時，適應性至關重要。

- 優秀的溝通技巧(包括書寫和說話能力)，對於維持客戶關係以及建立與遠端團隊的有效合作，才可以達到可持續的發展。

至於旅居，不是如移民或者移居要對當地居留安排上有長遠承諾，旅居可以停留一段時間，但同時又可以有選擇生活地點上的彈性，可以轉換地點帶來新鮮感。旅居強調生活，沒有數碼遊牧般指明透過互聯網去完成工作。旅居可以有工作或者沒有工作，工作包括透過互聯網去工作。

無論數碼遊牧或者是旅居，選擇物價相對較低的地方，對達至財務自由或者是建立財務自由中的條件都有利，因為每年被動收入(投資回報)越大，或者每年生活支出越小，都代表財政上越充裕，能越早到達財務自由的狀態。

思考——每人有自己的人生答案

KOL 的個案，100 萬港元資產不算多，選擇環遊世界而在生活指數比較低的地方落腳，以數碼遊牧的方式，一面工作，一面體驗生活。雖然達到「FIRE 財務自由」，由於資產規模限制投資回報，在選擇生活地域有限制，或者之後回香港生活都可能不足夠，或者到結婚和生兒育女要面對生活可持續性的風險。

換一個角度，基於現在一刻的選擇，達到「FIRE財務自由」是「階段性勝利」，只是階段性。KOL仍然有工作收入，可以儲蓄及投資，資產可以繼續成長。

以上提及，想指出到達財務自由狀態，然後工作或者不工作，留在原居地/旅遊/數碼遊牧/旅居，甚至即使未到達財務自由，各項沒有直接關係，是多個不同組合的可能性。例如：未到達財務自由狀態，有一份朝9晚5的全職工作(容許長期遠距工作)，可以是數碼遊牧或者旅程模式。

財務自由的重點，是生活不受工作的金錢收入所限制，自己可以重新取回選擇權，自由選擇工作或者不做工作，做的工作是否有薪金。但工作以外如何過生活，在何處生活等，這些都是要思考的問題。

這個問題不一定容易解答，特別是如果已經工作了數十年的人，不再工作，可以做什麼？財政問題得以解決，遊山玩水，吃喝玩樂，未必就是簡單的終極答案。不是一刻或者一年，而是直到離開世界的一刻。

無論你做的是任何事，你要喜歡你做的事，首先你要尋找你真正喜歡的事。

這是關於個人的意義的追尋，這種追尋亦是生活和生存的驅動力，在本書的第三部分會有更多相關討論。

再和大家分享一位朋友的故事：

創業加旅居的真實故事

Samson是「讀書會 BookTV」和網上培訓平台「大師學Master Wise」的創辦人，2023年開始了旅居的生活。他是透過網上創

業加上數碼遊牧的工作模式，可以一面建立事業，一面實踐兒時的夢想，就是環遊世界。

2016-2019年，Samson在完全沒有經驗之下踏入了培訓工作的世界(是B2C，企業對消費者)，免費為一家培訓機構工作，因為沒有底薪，要和公司同事一起合作完成一個培訓，才可得到佣金。基本上他什麼都要做，包括：場地安排、聯絡、推廣、招收學員、以至上台演講。其間有一段時間到馬來西亞推展培訓，可以說是初嘗外地生活加工作的體驗。因為實體培訓的場地有租約，公司擴展業務越廣潤，碰上租金壓力越沉重，2019年尾，公司決定結業，也因此讓自己有空間思考未來的事業方向。

2020年決定出來創業，組建新團隊，繼續從事培訓事業，無人能夠預計當年三月碰上環球疫情大爆發，他的計劃受到很大影響，不斷反覆思考，領悟出透過網上發展事業是唯一出路。同年12月創立「BookTV」，他把看完的書拍攝成影片精華，付費會員可以用短時間看影片去吸收知識。一心想開展得有一定規模，接受投資者投資，目標吸納5,000位會員。最高峰時有 8 個員工，希望以最快的速度做到成績，又要支出薪金給員工，試過自己不領薪金。慢慢形成個人經濟壓力，加上要催谷業務去面對投資者「交數」，造成精神虛耗，好像迷失的感覺，究竟創業為實踐自己心中計劃？還是為滿足投資者要求？2022 年 6 月最終決心把計劃腰斬，取消了BookTV的會員收費模式，改為建立社群繼續分享和互動。

2023年從新上路，創立網上培訓平台「Master Wise」，不打算

第一章：由投資走到FIRE

接受投資者投資，自己有更大的自由度，他要為收支負全責，但是避免面對投資者的壓力，現在已經實現盈利。會花更多心思去提升營運上效率，包括：標準化公司程序、使用自動化軟件工具等。現在只有3名員工已經可以令公司順暢營運，兩位員工在香港，另外有1位員工在馬來西亞。Samson可以一面旅居，一面管理公司運作。他的公司整體就是數碼遊牧/遙距工作的示範。

2023年初到日本旅居，他到過許多地方，差不多每天換一間酒店，發覺這種急促模式令人精疲力盡。之後作了改變為深度遊，可以放慢腳步，讓工作和生活融入當地，到過泰國、馬來西亞、再次到日本，有不一樣的感受。

Samson的創業故事是一步一步走出來，由打工到創業，由培訓到讀書會，由實體到網上，由身處香港到走出去，在經歷挫折中慢慢摸索到合適自己的路。

在日本期間有一次難忘的體驗，早上他由不懂踩單車到學會，當日踩上了公路，中途想過放棄，試過天入黑而單車沒有照明下前進，試過翻車而整個人跌在馬路中，最終一天之內竟然用十幾個小時完成了70多km的路程，由廣島尾道市到四國金治市。這個就像人生，中途有無數的不可預期，繼續前進，付出越多，可以得到越加深刻的經歷。

每個人的人生和投資旅程都不一樣，自由，就是拒絕被預設所定義。

59

1.4
美股與美股指數 ETF

想達到財務自由，是否一定要靠投資？羅伯特·清崎 (Robert Kiyosaki) 在《富爸爸·窮爸爸》(*Rich Dad Poor Dad*) 一書中提出了「現金流象限」(ESBI Cashflow Quadrant)：

現金流象限 (ESBI Cashflow Quadrant)			
E	Employee 僱員	B	Business Owner 企業擁有者
	你有一份工作		系統為你工作
S	Self-Employed 自僱人士	I	Investor 投資者
	你有一份屬於你的工作		金錢為你工作

僱員 (E) 和自僱人士 (S) 基本上是手停口停，每一天以自己的時間去工作，來換取收入。他們是相對上沒有優勢的一群，單憑這種收入不能達到財務自由。

企業擁有者 (B) 擁有的企業是一個系統，系統為你工作，包括借助僱員

(E) 為你工作。企業擁有者比僱員得到更多益處，當然做生意有一定風險。

自僱人士(S)和企業擁有者(B)有點相似，自僱人士擁有的是一人企業，但是不能擺脫手停口停的工作方式。

上一章節也提及，投資者(I)會把金錢投放到資產，例如投資了股票就是投資企業，角色就和企業擁有者(B)相似。不過，投資者(I)相對上有更大的自由度，無須如企業擁有者(B)般直接介入企業的營運當中。

僱員(E)和自僱人士(S)需要令自己成為企業擁有者(B)或者投資者(I)，就可以有機會達到財務自由的目標，本書會集中講述投資的部分。

相信長線投資 相信資產價值

不少投資者只著重短線投資或者投機，當股票上升或者下跌少許，就會急不及待賣出股票，然後取回現金。其實這和財務自由的概念相違背，忽略了金錢作為一種資源，金錢為你工作的功能。他們可能認為持有一大筆現金，慢慢提取就可以支持以後的退休生活，但當中有不少風險，包括：

- 你計算生活支出時，是以自己今天的開支作為計算基礎，但需要計入通脹影響，未來10年、20年、30年或者更長遠之後，生活支出可能上升至遠遠超過自己想像。

- 醫學科技越來越發達，可能你最終的壽命比你估計的更長，變成入不敷支，長壽不能成為一種祝福。

相信長線投資，相信資產，相信優質資產，相信資產價值。財務自由就是先從以上概念開始。

建構你的投資組合

既然投資者要透過金錢為自己工作，去達到財務自由，即是把金錢投入到資產中，建構自己的投資組合。一些較常見的資產類型包括：

- 股票
- 債券
- 物業
- 現金

上面列出的四項，風險由相對高至低排列。

投資股票的波動性和風險，比投資債券和物業為高，亦可能有較高潛在回報。可能的潛在回報不是保證回報，不能忘記風險，投資者要做到的是風險 VS 回報的一個平衡，一個適合自己的平衡，每一個人有不同的答案，不可以純粹去複製別人的投資。

FIRE 財務自由運動的代表之一，Kristy 和 Bryce(millennial-revolution.com 的創辦人) 曾在訪問中提及他們支持投資指數 ETF，而我自己以投資美股為主，所以這亦是本書主要的討論內容。大家應該了解自己的風險承受能力和風險取向，然後去制定自己的投資組合。

我自己不喜歡以物業作為投資，因為每次交易都有不少額外成本，包括：地產代理佣金、律師費、印花稅等，而且變現過程需時及不可以拆細去交易。這遠遠不及股票交易來得方便和彈性。

美股的主要類型

關於投資美股，列出的不同股票種類，風險由相對低至高：

股票種類	細節
1　S&P500 指數 ETF	S&P 500 是美股中最有代表性的指數，涵蓋美國的所有主要行業，包括：傳統股、科技股等，共 500 間公司，足够分散風險。市值符合大型股的條件，包括：充足的流動性、充足的公眾持股量、財政可行性等。 ETF 例子：SPY、VOO、IVV 等。
2　NASDAQ 指數 ETF	包含 100 間 在 NASDAQ(納斯達克)交易所的上市公司，以較大市值的科技成長股為主，亦有部份非科技股，可以說該指數是美股科技股的代表。由於 NASDAQ 指數著重成長股，其波動性和風險比 S&P 500 指數更大，亦可能有更高潛在回報。 ETF 例子：QQQ。

3	行業指數 ETF	追踪行業指數的ETF,美股中有包羅萬有的不同行業指數 ETF 可供選擇。 其波動性和風險可能較S&P 500指數更大,因為更為集中在一個特定行業,亦可能有更高潛在回報(不是保證回報),視乎你的行業指數 ETF 選擇。 例如:半導體行業指數ETF - SOXX、SMH等。
4	個別股票	投資個別股票即是投資背後的企業,對比投資ETF有更高風險集中度。

選擇不同種類美股的考慮

- 如果投資美股的經驗不多,或者是比校較保守的投資者,投資 S&P 500指數ETF是比較容易作為入門的一個選擇,相對於投資個別股票,投資S&P 500指數ETF的技術要求和波動性都相對較低。而且投資S&P 500指數ETF等於投資了背後的500隻股票,能達到分散風險。

- 如果比較進階一點,或者可以把以上不同股票種類組合成為你的投資組合,例如:S&P 500指數ETF加上NASDAQ指數 ETF。

- 如果再進階一點,或可考慮加入行業指數ETF,因為行業指數 ETF較S&P 500指數ETF和NASDAQ指數ETF更加集中,有可能承受更高風險。

- 更進階就是去選擇個別股票，這需要較多分析技巧，研究業績報告等，亦比投資 ETF 有更高集中度風險。

特別再強調選擇投資個股與指數 ETF 的一些考慮要點。風險方面，投資個別股票的最大風險是企業清盤，你的投資歸零。而投資指數 ETF，因為 ETF 背後包括一籃子股票，全部企業都同時清盤的機會率極低。而在投資技巧方面，由於 ETF 背後的股票數目眾多，是數十甚至數百間企業，不預期你要去讀每一間企業的業績報告，或者去分析 ETF 背後的所有企業，所以要求的投資技巧較低。投資指數 ETF，即是相信指數其背後的選股機制。

S&P 500 過往長期向好

接下來先集中講講美股中最有代表性的 S&P 500 指數，參考 S&P 500 指數的歷史：

- S&P500 指數在 1926 年開始時只有 90 隻成份股。

- 根據歷史數據，從 1926 年至 2018 年，平均的年複合增長約是約 10-11%。

- 從 1957 年開始，成份股的數目增加到 500 隻，縮窄到從 1957 至 2018 年，60 年的時間之內，平均的年複合增長是約 8%。

以上數據就如導讀中提過的「長線而言投資美股都賺錢」，那可不可以絕對肯定 S&P 500 指數的未來增長趨勢，認為投資 S&P 500 就必定有正回報？不可以。

過去表現不代表將來表現，好的股票可以變差，但是差的股票變好則更困難。看過去表現不代表能絕對肯定未來趨勢，但是過去有好表現的股票可以作為一個參考。重點是分析它表現好的背後因素，如果因素在未來可以維持，表現就有機會維持。

相信 S&P 500 的長遠投資價值

我對 S&P500 的增長趨勢分析如下：

• S&P500 有完善的機制，選出的成份股都是優質公司，不少都有壟斷性，長期可持續增長。

• 很多公司都有環球業務，分散了單一市場風險。

• 美股股票市場制度，行之有效。

• 美股的市值和成交金額是全球最大，吸引不論是美國或者其他國家的優秀企業到美股上市，所以美股中有很多全球性的優質企業，自然又吸引世界各國的股票投資者參與，形成一個良性循環。

• 以 1957 至 2018 年計，S&P 500 平均的年複合增長約每年 8%，60年是一個長時間，已經包括：多次經濟週期和股市週期、社會和商業模式的改變、科技改進等，股市有升有跌下之計算出的平均數，有一定的參考作用。

• 假設 S&P 500 指數背後有個別股票質素變差，指數選股機制會定期檢討，剔除質素差劣的股票，換入質素優異的股票。如果你持有 S&P 500 指數 ETF 而長時間沒有買賣去換馬的操作，指數選股機制等於為

你做了換股操作，不斷自我優化，令你的投資與時並進，以達到長期增長。

所以綜合而言，我相信未來S&P 500的長遠投資價值，注意是長期，不是指一個月或者一年的升跌，而且股市上升還有一個背景因素是通脹。

S&P 500跑贏「4%法則」

S&P 500指數ETF在1958-2018的60年長期之下得到平均後年複合增長是約每年8%，是最基本及最低的基礎，相對上最為保守的估計。我再總結了近20多年時間的數據，以十年為單位作參考，期間2000年發生互聯網泡沫，2007年發生金融海嘯的影響，對回報有負面影響。2009-2023的十多年回報數字較好，年複合增長高過8%。

年份	S&P 500 年複合增長(CAGR)
2000-2009	-2.72%
2001-2010	-0.48%
2002-2011	0.92%
2003-2012	4.95%
2004-2013	5.21%
2005-2014	5.44%
2006-2015	5.05%
2007-2016	4.67%

2008-2017	6.18%
2009-2018	10.75%
2010-2019	11.22%
2011-2020	11.56%
2012-2021	14.25%
2013-2022	10.41%
2014-2023	13.73%

這個回報率就跑贏了「4%法則」，可以做到以下效果：

- **提取4%，支持生活支出。**
- **留下4%或以上，維持投資不斷增長，對抗通脹等。**

「提取」是一個粗略的概念，投資回報包括收到股息和股價上升而達到的資產增值。

不論是收到股息或者是賣出股票而得到利潤，這個總和就是你的回報。如果你還擁有不同資產，例如：債券、物業、銀行存款等，就要以一個投資組合的整體回報去考慮。如果整體回報率達到4%，這是足夠符合FIRE財務自由的4%法則條件；如果做到回報率8%或以上，即是上面提到S&P 500指數的回報基準，這是有能力對抗通脹的影響，或者令到投資組合持續成長。如果你有更多的投資經驗和技巧，可以加入其他個別股票和指數ETF，去博取比S&P 500更高的回報。

在我的經驗中，2016年至2023年的8年投資得出的平均後年複合增長是13%，是跑贏S&P 500指數的回報基準8%。

「72法則」可以快速估算出透過複利增長的投資本金翻倍時間，用 72 除以年回報率，得到的答案是本金翻倍的年期：

- 如果年回報率是4%，72/4=18年

- 如果年回報率是8%，72/8=9年

- 如果年回報率是10%，72/10=7.2年

- 如果年回報率是15%，72/15 = 4.8年

- 如果年回報率是20%，72/20 = 3.6年

當然，在追求回報的同時，必須考慮自己的風險承受能力與投資技巧。

投資美股的稅務要點

任何一個國家的投資者，包括香港居民，投資美股而收到股息要繳付30%股息稅，這是不輕的成本，需要留意。可能亦受此因素影響，很多美股的大企業都只派發很低的股息，或者不少科技股都沒有派發股息，反而會運用資金做股票回購並註銷，等同提高每股盈利(EPS，Earning Per Share)，長遠令到股價上升。

股價上升而賣出美股去獲得利潤，美國公民須付資本利得稅(Capital Gain Tax)，身為香港居民的投資者則無須繳付這項資本利得稅，這是我們的優勢。

保留現金儲備 做好投資記錄

有些人擔心萬一急需現金，被迫賣出股票去套現時，剛好遇上熊市而股價大跌，賣出股票可能造成虧損，這種擔心是合理的。我的做法是先保留足夠支持 1 - 2 年生活支出的現金儲備，如此就會在賣股的時間點上更有彈性，不需要在熊市急於賣股，在大多數情況下，兩年的生活支出資金足夠陪伴你渡過熊市。

更重要的是你要做好投資記錄，然後觀察一段長時間的投資表現，才可以好好掌握自己的回報率。

可以幻想以下情況：在一年的開頭，你的銀行戶口有 10,000 港元。在一年之間戶口收到利息，結餘升至 10,800 港元，其間你從 ATM 提款機提取了 400 港元去消費。到一年完結，你的銀行戶口結餘是 10,400 港元，雖然期間你有提款，最終你的銀行戶口結餘對比一年之前不是減少，而是增加了。

比較不同時候的回報有何分別，方便檢討及作出改善。

如何做好投資記錄

我自己使用 Google Drive 的 Sheet(類似 Excel) 去記錄股票交易，方便隨時隨地更新及查看，亦減少檔案遺失的機會。相反使用特定的手機應用程式去記錄要小心，可能有機會一段時間之後不再支援。

我記錄的內容包括：

1. 買入 / 賣出交易 (日期、股數、股價、交易金額)

2. 股票分拆 (例如：股票 1 拆 4，你收到原本持有股數的額外 3 倍，等於買入，不過付出成本是零)

3. 收到股息

平均買入成本。到賣出時，把股價減去平均買入成本，就是交易帶來的盈利或者虧損。

每一年末，做一次年結，計算回報包括：股息、交易來的盈利 / 虧損、現在的股價對比一年前的股價來的升值 / 值。

累積五年或者以上的記錄，了解自己投資的大概長期回報。

記錄的做法是因人而異，以上可以作為一個參考。

思考——重要的是分析和紀律

巴菲特說：「投資很簡單，但不容易。」(Investing is simple, but not easy.)

4% 法則加上投資 S&P 500 指數 ETF，本身並不複雜，甚至是太過簡單。困難不是在於了解這個道理，而是在於執行的過程及持續性。建立財務自由是一個長線投資計劃，長時間的執行需要耐性和紀律，你會在閱讀本書的過程中越來越明白這一點。

本書的內容是我自己在過去研究的點滴，除了參考其他人的資料和經驗，亦包括自己由建立財務自由到退休之後的經驗，作為一個真實個案供大家參考。

很多投資者會慣常去問：「現在買什麼股票才對？」

在本書中，我想特別強調的是背後的思考，如何走過投資到退休的思考過程。投資者需要建立自己的分析能力和思考方法，不再只是問別人投資意見或者抄襲別人的股票 Number，這是執行長線投資計劃的重要因素。

開始時你的分析不一定正確，因而犯錯，但是不重要。不去嘗試分析，是永遠不會學懂分析技巧。

1.5
股息與現金流的考慮

上一章節簡單提到投資美股的稅務考慮，以及萬一急需套現時的應對策略，其實當中的重點就是「現金流」。不少香港投資者都愛買「收息股」，尤其退休人士可透過股票派息作為現金流，用以支持日常生活衣食住行的支出，亦可以把得到的股息作為再投資之用，買入更多股票，令到投資組合不斷成長。這種現金流不需要任何預先的操作，是完全的被動，只要持有股票就會收到股息。所以坊間有年青時先追求股價增值，退休後才追求收息的理財說法。

但要留意，如果只依靠派息支持FIRE後的生活支出，需要考慮：

• 單單要求穩定派息，如果派息不會增長，等於長遠必定輸給通脹，長期之下最終變成入不敷支。

• 收息股，同樣可以追求派息增加。

• 長線投資的核心是背後的企業，派息來自於收入和盈利，正常企業即使業務沒有增長，收入和盈利理應都會隨通脹而慢慢上升，派息增加都是正常。如果一間企業的派息長年累月都不會增長，是什麼原因？是否應該投資？值得思考。

投資美股的股息考慮

投資美股與港股不同,在股息及現金流方面有更多需要考慮的層面:

- 香港居民投資美股而收到的股息,需繳付股息的30%作為股息稅,派息將會在派發前已經扣除。

  如果投資美股中的ADR,因本身不是美國公司,需繳付的股息稅率可能不同,例如:台灣的台積電(TSM)的股息稅率是 21%、荷蘭的 ASML(ASML)的股息稅率是15%、愛爾蘭的Accenture(ACN)的股息稅率是25%。以上只是參考例子,大家可以自行去翻查最新稅率。

- 我個人選股較著重美股科技股,但它們一般派息不多,甚至不派息。不少科技公司會作出股票回購計劃,回購了的股票會註銷,每個投資者持有的股數不變,持有的股票份額其實增加了,回購動作類似免費派股份給股東。如果其他因素維持不變,股票回購有利於推高每股盈利(EPS,Earning Per Share),對股價有提升作用。所以有時不派息反而更划算,因為如果派息越多,需要繳付的股息稅越多。

- 股息的現金是來自於營運中得到的盈利,如果公司沒有派發股息,這些現金不會突然間消失,現金會保留在公司作為儲備,或者用以投資公司未來的業務,以爭取業務增長。如果增加了現金儲備或者帶來業務增長,理應企業的價值會增加,股價會上升。

- 如果沒有派發股息,就失去了可以再投資的彈性。

所以應否選擇派息少甚至不派息的股票,視乎個人的投資偏好,與及對現金流的需求。長線投資股票以經營企業為概念,盈利數字是首要的考慮。我在投資中不會執著於派息,而是執著於盈利及盈利增長。有派息

是好，但沒有派息都不是問題。如果沒有盈利，何來派息？所以更重要
的是盈利增長，理應企業的價值會增加，股價會上升。

結合 FIRE 4% 法則的股息考慮

要滿足 FIRE 的 4% 法則，重點是企業做到可持續的健康增長，而增長
大過 4%，這 4% 的回報率，可以是透過股息、或是賣股、或是股息加
上賣股而來。如果必須賣股，則要考慮以下情況：

• 即使企業價值增加，股價長期上升，但股價短期可能下跌，賣股可能
  帶來問題。要避免在跌市之中被迫賣股，可以先保留足夠支持 1-2 年
  生活支出的現金，那就任何時候都沒有急於被迫賣股的必要，可以選
  擇好的價位和合適的時機才賣股。1-2 年的時間是假設跌市或者熊市
  會過去，是不是必定？不一定，但機會是大，如果想再保險些，可考
  慮保留更多現金。

• 假設股市下跌 33%，我迫不得已下需要賣股，賣股得到 4% 現金，對
  比股市未下跌之前，可以說損失了 2%(下跌之前是 6% 的價值，下跌
  了 33%，所以在 4% 的價值時賣出)。損失就是損失，不過一年損失
  2% 未至於令整個投資組合永不翻身，股市一年下跌 33% 是屬於股災
  級別，理論上不會年年皆是。這亦是強調保持 1-2 年生活支出現金作
  為緩衝的重要性。另外一個考慮，投資組合中有不止一隻股票的話，
  如果在跌市之中賣股，應選擇先賣出跌幅較小的股票。

• 我自己在退休後的兩年多時間，做法是按計劃定期賣股，因為這步驟
  亦是財務自由計劃的一部份，是預先定立好的計劃，需要有紀律執
  行，一段時間之後檢討。除非出現迫不得已的情況，否則不會隨便賣
  股。

但不要以為選擇高息股，就不需要考慮賣股的問題，有可能你投資的企業業務出現問題，例如收入和盈利下跌，以致減少派息，甚至停止派息(雖然公司沒有盈利，都可以派息，甚至可以借錢派息，但不是可取之法)，令你的現金流失去預算。當然如果你一開始選錯股，無論是高息股或者不派息的股票都會導致虧損。

「4%提取率」的意義

在此亦和大家更深入地探討一下「4%法則」。這法則的出處是來自William Bengan在1994年寫的一份研究報告《*Determining Withdrawal Rates using Historical Data*》(使用歷史資料確定提取率)，假設資產以50/50分配到美股和美國中期國庫債券，得出以4%為每年提取率，就可以持續維持組合的增長。

不過，1994年得出的結論，應用在今天是否仍適合？過去的表現，不能保證未來的表現，尤其是支持未來數十年的組合運作，變數更大。研究以投資美股為主，得出的結論是否可套用到任何其地域的人身上？例如香港投資者投資了2800盈富基金(追蹤香港恒生指數)，然後採用4%提取率，最後會發覺結果存在很大落差。而且美股在該段時間內是表現良好，特別優於其他市場，但難保將來不會出現變數(任何人都不可以有100%保證，但是相信保持機會是頗大)。這種回看分析亦有倖存者偏差的可能性。

倖存者偏差 (Survivorship Bias)

倖存者偏差，是一種邏輯謬誤，屬於選擇偏差的一種。當過度關注「倖存」的人事物，從而造成忽略那些沒有倖存的(也可能因為無法觀察到)，便會得出錯誤的結論。

在投資世界，經常報導及強調一些投資成功的例子，可能忽略投資失敗的個案或者可能性，容易造成誤導，以為達到這種成功是很容易和很普遍的現象。

2022年經濟學家James Choi 寫了一份研究報告《*Popular Personal Financial Advice Versus The Professors*》(流行的個人理財建議與教授的比較)，在是參考了 38 個已發展國家，時間由1890-2019年，覆蓋約130年，包括國內和外國股票投資，加上債券，將資產以60/40及50/50不同方式分配，得出修正後的提取率界乎2-3%之間，簡略基準是2.7%，比4%更低。

提取率以保守為上

其實無論是1994年抑或2022年做的研究，都會有問題出現，例如研究採用的數據由1890年至2019年，距離現在超過100年，當時街上使用馬車，沒有電腦，沒有Internet互聯網，從那時到現在，社會、經濟、企業已經經歷超巨大改變，當時的生活和投資市場如何可以反映現在，甚至去預測未來幾十年之後的退休生活？

另一個問題是提取期，時間越長，投資市場的不確定因素越多，有可能令任何計算失效。隨著科技進步，預期壽命(Life Expectancy)增加，即是退休後生活的時間越長，亦等於加大了不確定因素影響計算。

所以我的看法是，提取率應該以保守為上，要多留一些安全緩衝，所以4％會比2.7％可取。

現實中的操作層面

從以上的研究，我認為提取率的數字並不是重點，既然觀察到美股表現大體上優於其他市場，是否應該考慮把美股加入自己的投資當中？提取率的研究是期望可以適合大部份人，不過投資市場中可能20％的人賺到了80％的錢，或者甚至10％的人賺到了90％的錢。我們更加要思考如何可以改善及提升自己的財商和投資技巧，改善投資表現，就有機會「跑贏」，目標不單單是跟從大部份投資者的水平作為規範。現時我的投資組合只有美股，我會以4％提取率作為基準，但不代表我的投資目標是每年4％回報率。

回到現實操作，「提取率」會受「投資年回報率」與「資產金額」影響。假如巴菲特做到平均年回報大約20％，每年提取10％去支持生活都不會有問題，而且他的資產金額是天文數字，他的生活又節儉，相信每年提取0.01％去支持生活支出都用不完。

所以4％或者任何數字，都不一定適合所有人，每個投資者需要根據自身的情況去好好估算。

不派息的巴郡

巴菲特的巴郡很著重投資的公司帶來現金流，這是巴郡的主要投資風格。在強調現金流的同時，巴郡從來沒有慣常派息的習慣。

巴郡不派股息有一個好處，投資者避免繳付30%的美股股息稅。

原本股息可以再投資的機會其實沒有失去，沒有派出來的現金留在巴郡，公司會去再投資去創造價值，巴郡公司擁有再投資的項目，如果我們是股東，自然我們都會有份。巴郡替我們去再投資，理論上巴郡去再投資的效果比較我們自行做再投資的效果更好。

思考——股息再投資的考慮

現金流有兩個角度，第一是投資者收到股息的個人現金流，第二是投資者投資了的公司在營運中得到的現金流。如果並非急需現金流應付生活開支，單純從再投資的角度而言，派不派息都不是大問題，例如巴郡的例子，由巴菲特代我們再投資的效果可能更好。

• 持有股票就是擁有企業，都是公司的現金流的擁有者。

• 沒有派發股息，公司仍然有現金流，只是投資者沒有使用公司的現金流的權力。

- 如何去使用公司的現金流，就交給公司的管理層。

- 如果管理層不是投資有道，他們利用現金流的再投資可能效果欠佳。你是否相信管理層的再投資決定？這個涉及最初投資股票的決定，是否相信管理層，其實和是否派發股息無關。相反如果不相信管理層，根本是不應該去投資這股票(這不是説要盲目去相信管理層，而是需要透過觀察，管理層對於公司給出的業務預期是否可以完成達標，對於長遠的發展計劃是否可以一步一步去完成，管理層的處事作風是積極還是被動等，這些都是多方面的考慮)。

如果投資者真的有再投資的需要，可以考慮賣出小部份股票，利用得到的資金去再投資。

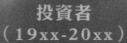

投資者
（19xx-20xx）

致力於採用不勞而獲
之投資手法，因聽別
人一面之詞而投資，
造成巨額虧損，鬱鬱
而終。

趁午飯後有一點空閒時間，P 散步經過名人
墓園，四週充滿微暖的陽光，環境清靜，下
葬在基園的都是當地有一定知名度的人士，
每個基碑在訴説一個個人故事……

1.6
長線投資的初心

之前的幾個章節，都分別提過以往美股長期向好，甚至表現持續優於其他市場，但回顧 2022 年，相信投資者都會覺得舉步艱難。不知道多少人經歷完重重複複的股票跌浪之後，意興闌珊，清倉離場？

最後得出結論：「股票騙人⋯⋯」「價值投資已死⋯⋯」

你仍然相信長線投資嗎？你投資的初心是什麼？

我有一個深刻感受，當時 2022 年我正在寫第一本書《科技戰國》，寫作時心中不斷自我質疑，股票大跌是眾人都見到的客觀事實，還去談論科技股的長期投資價值？我希望書中內容給讀者看到的應該是股價以外的其他一些東西。同時這都是測試作者說話的一致性 (Consistency) 和公信力 (Credibility)。

堅持把書寫完，2022 年的夏天，《科技戰國》如期出版。2022 年下旬，S&P500 和 NASDAQ 出現見底回升。

但升完之後，又可能會跌，要在這重重複複的升跌中站穩，本來就很不容易。人類天生下來，當遇到危險，或者預計有可能遇到危險，例如見到猛獸走近，身體的生存機制會自動逃跑保命。換上是在投資市場的環

境，見到股價下跌，見到負面因素，都是風險，等同大自然環境中的危險，往往第一時間想到的是走為上著，甚至永遠不要再踏足投資市場。

以「合資經營」的心態投資

長線投資股票，就好像合資去經營生意的概念。

兩者的分別在於，長線投資股票不需要自己完全介入去經營好生意，但是需要懂得去分辨出經營好的生意，這是分辨的能力，不是經營的能力。

用了經營生意的概念，看到的投資世界就會不一樣。

如果你是經營餐廳生意，會關心餐牌提供的食物和定價、用什麼食材和其來源地、顧客量和人流、租金成本、員工薪金、對面街多了一個競爭對手等(這是選股邏輯，會在下一章節討論)。當遇上逆境，你首先想到的是盡辦法去解決問題，而不是每日每時每刻想把生意賣盤。

以正確的心態看長線投資，堅守長線投資的原則，才可以在無數升跌浪中站穩，享受正回報，一步步走近FIRE。

長線投資的原則

JP Morgan在2022年發表了 *Principles of Long Term Investing*(長線投資的原則)，簡單總結報告內容為以下七大重點：

• 以長壽為計劃前設 (Plan on living a long time)

- 現金並不總是為王 (Cash isn't always king)
- 利用股息和複利的力量 (Harness the power of dividends and compounding)
- 堅持計劃，避免情緒偏見 (Avoid emotional biases by sticking to a plan)
- 股市波動是正常的，所以不要讓它令你脫軌 (Volatility is normal, so don't let it derail you)
- 多元化分散投資是奏效的 (Diversification works)
- 保持投資很重要 (Staying invested matters)

現金並不總是為王

當中有幾點我認為值得留意，包括仍有不少人相信「現金為王」(Cash is King)，保留現金等待股價最便宜時買入，既可以避免買入後下跌的痛苦，又可以爭取最大化回報。但要準確做到，而且持續性做到，基本上是不太可能，如果可以掌握所有升跌時機，投資者應該是永遠不會虧錢的，現實見到卻是相反。亦正因為準確捕捉市場趨勢 (Time the Market) 太難，長線投資是一個有效方法達到複利的效果 (無論有沒有股息/派息)，或是複式增長。

不同產資類別 20 年的年複合回報（2002 - 2021）

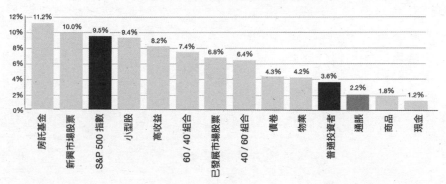

報告統計了14種資產類別，用2002-2021的20年投資時間維度，列出投資的各個資產類別的年複合回報都是正數，首位為房託基金 (REITs) 的 +11.2%，第三位是 S&P 500 指數的 +9.5%，第十一位是普通投資者的 +3.6%，排名最後是現金的 +1.2%。

根據統計結果，現金明顯稱不上王，如果改為投資 S&P 500 指數，回報已經大幅改善。但留意以上的回報數字是20年的平均後的複式回報，不代表每年都有同樣的回報，回報可能時高時低、時正時負。如果在20年間堅持長線投資，而不是依靠短線交易，就會得到以上的年複合回報。所以無論股市是升是跌，都應該保持不斷投資，不要輕易清倉離場。

正視風險 與風險同行

但實踐永遠是最難，如何在跌市時堅持投資？正因為投資市場大部份人都是虧損，要敢於與別人不同，遠離人群。即使未能進取如在大跌市時人棄我取，最少都不要在大跌之中恐慌性拋售(Panic sell)，沽清股票。

其實在跌市之前，就要做好心理和財務安排上的準備，等於是思考層面上做過綵排，及保持一個合適自己的現金水平(我自己是保留大約1-2年生活支出的現金，理論上股市亦不會即時影響我的生活)。我更關心的不是發生跌市和何時見底，重要的是公司的質素，和是否有能力股災後復原。

要管理風險，不是完全避開風險，而是要如何取捨和做到平衡。

- 要完全避開風險，最簡單的方法就是不投資，等於完全押注了現金(All-in)，最大的風險就是被通脹蠶食。

- 股票有升有跌是正常的事。股票有較多的波動性和不確定性，風險較高。不要忘記風險較高，所以有較高潛在回報。偏偏有部份投資者，選擇投資股票，但不想承擔持有股票的風險，操作很飄忽，十上十落，希望完全避開不確定性和風險。這是一種風險和回報的錯配，如果要求最大的確定性，應該投資的是債券，不是股票。

- 投資股票而沒有想過股價會下跌，已經是問題所在，令自己在跌市中不知所措，或者打電話去投資節目，詢問如何處理，被他人或情緒主導投資決定。

勤力「做功課」，加強對於投資的認知，相信自己最初的選股決定，記著長線投資的初心。

長期回報比跌幅更有意義

面對大跌市，例如不能否認2022年美股投資市場的艱難，不過如果拉闊一下視線，例如由2020年到2022年，疫情期間這三年我的投資組

合仍然有正回報。如果時間再長一點，從2016年初建立投資組合以來，到2023年的8年時間，整體都是正回報，是一點點的累積出來。

面對跌市，股價連續下跌了一段時間，你當下的感覺十分強烈，覺得難以忍受，但如果從長線投資角度看，即使某年遇上20-30%跌幅或更多，其實是很正常。如果想避開跌幅，沽清股票然後重新買入，經常十上十落且完全命中的操作幾乎不可能。全面看淡沽清，之後突然又全面看好而押注，短時間之內急劇轉變看法再操作，買入之後如果下跌又如何處理，還有一連串的問題，其實心理壓力十分大，投資者往往高估自己，眼高手低。

媒體常常會用股市今年年初至今回報(YTD，Year-to-date)作為報導焦點，又或者股市從高位下跌了多少跌幅。除非你是一年之初剛剛開始投資，又或者你是一次性投入全部資金摸頂買入所有股票去建倉，否則媒體報導的所謂跌幅其實和你的投資未必有直接關係。比起跌幅，值得深思，更加應該重視的是投資的長期回報。因為多年之間必定夾雜著上升和下跌的年份，不要因為一年的升幅或者跌幅，過份佔據甚至騎劫你的情緒。

投資需要耐性和紀律，去堅守自己的投資計劃，慢慢去累積成果，而不是單看一年的升跌。

思考──股價升跌只是週期性

每當跌市，尤其是持續下跌了一段長時間，就會湧現很多對長線投資的質疑聲音，說下跌的股價可能永不超生，投資者應該走為上著。

但記著長線投資的初心，它不是一個口號，公司的基本因素才是核心，

跌市中負面因素特別多，但不要完全被負面情緒騎劫，應該要去分析影響股價的因素，是以下哪一種：

1. 一次性的短期因素，不影響公司長期的基本因素。

2. 一次性的永久因素，影響公司長期的基本因素。

3. 週期性因素，代表在長時間之下必定會到來，之後應該會過去。週而復始，不斷發生。

大跌市其實屬於第3點，長線投資必定會遇上週期性因素，例如：股市週期中的牛市和熊市、經濟週期下的加息和減息等。如果投資者的注意力永遠只是放在股價升跌，很容易把股票視為純粹的交易工具，不斷買賣交易，務求賺取差價，完全不會理會企業業務和企業價值的問題。

至於第1點和第2點，可能是個別公司或個別行業的問題，其影響可以更加嚴重，這就關係到選股邏輯，最初是什麼原因令你看好這間企業？正如前文提及，長線投資的概念就好像合資去經營生意，這個角度亦有助我們選股，去分析一間企業的經營模式與優勢等。

1.7
從能力圈到選股邏輯

平常不常投資的人，會在什麼時候突然想「買股票」？通常是以下兩種情況：

情境一：

• 看到新聞連日報導股市指數上升，身邊朋友都有錢賺，於是問朋友買什麼股票好？

情境二：

• 看到 ChatGPT「爆紅」，看好 AI 行業的發展前景，於是研究相關行業有什麼股票值得買？

情境一中是由股價主導的思維，指數上升反映指數成分股的升幅，往往是已經累積了市場整體上一定的升幅。對於長線投資，情境一是降低了投資的效果。長線投資的目標是期望在合理或者較低的股價買入，然後長時間持有，中間包括渡過牛市和熊市週期，透過企業的成長而得到回報。因為最初的動機是由股價主導，很多情況是當看到別人投資賺錢，聽別人一面之詞而投資，當經歷跌市和熊市，很大機會蒙受損失而賣出股票，同時對投資失去興趣。

情境二中是由行業主導的思維，比較接近長線投資的思維模式，是著重行業或者企業的發展去展開思考，這是基本分析的重要部份。

不過，情境二不一定單獨存在，更多時候是情境一和情境二混合，當看到股市上升，就「覺得」和「分析」某某行業或者某某企業的發展前景將會好，這都是升市看到什麼消息都是好消息的例子。

要長線投資有好的績效，就要避免或者減少被股價升跌去主導自己的投資決定，要看到股價升跌，但不為所動。持續投資(Stay Invested)，不論升市或者跌市，都保持投資和研究的興趣。

企業增長的四個層次

我的投資方針以長線投資為主，而長線投資的核心是希望企業的業務有增長，但所謂「增長」並不單指「股價上升」，而是包括以下不同層次的意義：

層次	增長因素	細節
1	通脹	因為長遠通脹的影響，假設成本包括：材料、租金、員工薪金等上升，其他因素維持不變，即使銷量沒有增加，企業透過加價，企業的收入和盈利都會增長，增長幅度接近通脹。
2	純粹銷量上增加	賣出更多的產品和服務給現存的客戶，或者加上增加新客戶的數目去賣出更多的產品和服務，這是銷量上的增長，帶動收入和盈利增長。

| 3 | 交叉銷售 | 透過交叉銷售(Cross Sell)，向同一個現有的客戶，賣出不同的產品和服務，帶動收入和盈利增長。 |
| 4 | 結構性轉型 | 透過企業或者產品/服務結構性轉型，可以觸及過去企業未有踏足的市場，帶來新的增長動力。 |

第1個層次是考慮的最基本要求，如果投資者的判斷正確，最低限度投資可以抵消通脹。不過，不是所有企業都有能力做到，假如成本上漲快，但企業未能加價，或者加價幅度受到限制，甚至客戶因通脹令生活艱難，而減少購買其產品和服務。有能力加價是企業的一種優勢，更甚是加價幅度高過通脹，代表產品和服務的獨特性或者必須性。

第2個和第3個層次都是銷量上的增長，當企業成長，市場都會成長至成熟，甚至飽和。由於基數大了，企業增長就會減慢，到達瓶頸。如果企業沒有設法進入第4個層次，成為「食老本」的企業，發展就會停滯不前。

要做到第3個和第4個層次，都不只是純粹銷量上的數字考慮，是比較長遠的可持續性發展的考慮。

找出「結構性轉型」企業

在長線投資中，最希望找到的是有能力做到第 4 個層次的企業，企業勇於求變，表示管理層願意承擔風險，為企業帶來新發展。因於是過去企業未有踏足的市場，帶來的增長有可能更加顯著。看到的不只是營運得出的增長數字，而是顯示管理層的質素，這包括：前瞻性眼光、做事

作風、執行力等。當未來面對其他挑戰，就有能力去好好管理，抓緊機遇。例如：

- 微軟 (Microsoft)，從 Windows 和 Office 365 的軟件，到 Azure 雲端服務。

- 蘋果 (Apple)，從 Mac 電腦，到 iPhone 智能手機，到訂閱服務 (Service Subscription)。

- 輝達 (Nvidia)，GPU 晶片 (Graphical Processing Unit，圖像處理器) 從原本支援遊戲，到支援 AI 人功智慧。

以上三間公司都是現在的全球十大市值公司，微軟更是首位。(截至 2024 年 3 月)

能真正做到第 4 個層次的企業不多，而且需要可持續性地做到。

當宏觀環境欠佳，第 4 個層次的企業相對更有能力去面對逆境，或者做到逆市擴張。經歷週期的起跌，有較大機會跑贏大市。

建立你的選股和投資邏輯

如何找出上述第 4 個層次的企業？以我自己為例，我的選股主要考慮包括：

	考慮條件	細節
1	不只是一次性賣一件產品	這回應剛才提及的企業增長可持續性的問題，表示企業有能力留住客戶，例如：用戶的黏性、產品獨特性、產品不能取替等。否則，企業可能今個年度銷售好，而下一個年度銷售差，業績表現很飄忽。
2	商業模式 (Business Model)	這顯示企業對於如何賺錢是否有一個週全計劃，以達到長遠發展，不只是專注做日常營運去生產產品和提供服務。
3	商業模式是否唯一	即使有好的商業模式，但是做不到唯一性，市場上類似的企業比比皆是，容易跌入惡性競爭的循環，例如：減價戰。
4	公司表現，5年至 10年增長歷史，包括：收入、盈利、股價等	收入和營利是基本的要求，強調不只是一個季度或者一個年度的業績表現，而是隨著年月做到健康增長，同時反過來驗證你對於第 1/2/3 個條件的判斷是否正確。 最後參考股價歷史是一個保險，如果上面的各項條件都好好，但股價長期低迷，會不會其實自己從開始的判斷已經犯了重大的錯誤？需要再去思考。

以上 1 至 4 項加起來，就是你的投資邏輯，這是長線考慮因素的分析，不會一日之間突然大幅度改變，或者假如一個季度甚至一個年度的業績轉差，造成股價下跌，也不會令完全推翻你的投資決定。需要更加深入了解自己的投資邏輯，才可以令自己在長線投資的過程中有一個比較平靜的心理狀態。

關於商業模式的思考

關於企業的商業模式，可以去觀察及思考以下的問題：

- 公司最突出的產品是什麼？

- 銷售過程中，產品如何送達客人的手中？

- 誰是主要客戶？如何吸引客戶？

- 有什麼原因吸引客戶再次光顧？

- 有什麼競爭對手？公司和競爭對手的關係？公司比較競爭對手有什麼 優勢？

- 公司和上游 / 下游公司的關係？產品的產業鏈是如何？

大家嘗試用幾行文字，寫出自己想投資的企業的商業模式。

- 例如，蘋果 (Apple)：透過個人電子裝置建立起的生態系統，包括：iPhone 智能手機、Mac 電腦、Apple Watch 穿戴裝置等，是軟件和硬件的唯一性徹底融合，去提供最佳用家體驗，加上提供訂閱服務，用家有極高忠誠度。同時控制了上游的晶片設計，可以更有效去提升晶片升級步伐及供應鏈管理。

- iOS 只可以在 iPhone 上執行，MacOS 只可以在 Mac 電腦上執行，可以達到其生態系統的獨特性和唯一性。對比 Android 智能手機 (Samsung、Google、ASUS 等) 和 Windows 電 腦 (Microsoft、HP、Dell、Leveno 等)，用家比較容易從一個品牌轉到另一個品牌。

利用以上例子去和市場中的競爭對手比較，會發覺 Apple 的獨特性和唯一性，不容易被對手取代。

投資必須「做功課」

如果你完全説不出企業的商業模式，或者只是含糊其詞，無法解釋其獨特性，不知道企業有何特點較對手的表現優勝……很大機會你的投資邏輯其實很薄弱，或者甚至根本不清楚自己的投資邏輯，了解得未夠深入，只是道聽途説，別人告訴你這股票會賺錢。

我選股的第2個和第3個考慮條件，就是強調企業的獨特商業模式及其唯一性，這是決定企業是否值得投資的重要原因，這個選股的分析和思考過程，就是底層的投資邏輯，是每個投資者需要好好去做的功課。

如果可以做好以上這個功課，選股的門檻就會提高，不要輕易降低自己的要求去投資。

我的選股思路

再和大家分享一些我的選股思路重點：

- 我通常是先選行業，後選企業。揀選有發展前景的行業已經是成功的第一步，因為這種行業中比較容易找到表現好的企業。相反，在發展前景欠佳的行業中，去找到表現好的企業的難度是相對大一些。而且行業的基本知識是共通的，可以幫助研究及比較同一行業下的其他不同企業。

- 全球十大市值公司的排名(可參考：companiesmarketcap.com)代表了規模和實力，可以説是在環球企業中的影響力，都可以作為一個參考，市值排名某程度上代表了長期的股價表現。另外可以參考排名11-20和21-30，都是有實力，有機會發現正在追趕上前的明日十大市值公司。我投資過的輝達和台積電，見證著這兩間公司由後面排名至打入十大市值。

- 在看公司的業績報告時，營收通常會按類別細分，我會特別注意營收由大至小的第二或者第三類別，並且會觀察及追蹤，有機會這是企業策略性的增長重點，就會更加了解公司未來的發展，例如：蘋果的服務(Services)、輝達的數據中心產品(Data Center)。

找出你自己的能力圈

我的選股和投資邏輯，亦是一步步建立而來的，最初也有過「道聽途說」的亂投資階段。在2007年至2015年的9年時間裡，自己基本上只依靠聽別人一面之詞的方法去投資，整體都是虧損。欠缺分析能力，對自己投資的東西沒有深入認識，每逢遇上跌市就會信心盡失而賣出，情緒主導投資決定。

2016年是一個轉捩點，開始明白長線投資需要付出努力去研究和學習，好像在學校學習一個科目，要建立自己的一套投資見解，不再是盲目去從眾，不再是如過去估升跌的賭博思維方式。

在2016年至2023年，見到投資表現漸漸改善，經歷股市起跌，8年時間中有2年虧損，其餘6年都是正回報。在過程中自己的投資風格都有改變，由傳統收息股到科技股，由港股到美股，不斷檢討自己的成功和失敗操作經驗，開始整理出自己的方法，相信這就是自己的能力圈。

能力圈

「能力圈原則」是以巴菲特為代表的價值投資者堅守的重要原則之一，是圍繞自己最熟悉的領域進行投資的一種方法。這個概念由巴菲特在《致股東的信，1996年》中首次提出：「投資者需要的是對選定的企業進行正確評估的能力。」

所謂選定是指，你不需要成為每家公司的專家，只需要能夠評估你能力範圍內的公司。能力圈的大小不是關鍵，重要的是要清楚它的邊界。

我的能力圈：由科技工作到買科技股

我發現我的能力圈很大程度是來自於自己的工作經驗：

• 我從大學畢業後，開始做的第一份工作是程序員(Programmer)，負責軟件開發。

• 到成為系統經理(Application Manager)，負責管理團隊的開發軟件工作。

• 到成為架構師(Architect)，負責制定企業科技解決方案，為企業選擇科技產品是我做的主要工作，這工作就好像選股中的行業和產品分析。我代表的是企業客戶，從軟件使用及軟件開發的角度，到分析科技產品和服務，以及市場對於科枝產品的口味都要考慮。

科技的範疇很濶，我在投資中專注的是軟件加硬件，這正好和我過去的工作息息相關。但不代表你的工作與科技無關，就不應該買科技股，因為你的能力圈不一定受限於工作，而且能力圈可以藉學習而擴濶。

由於每一個人的背景不同，每一個人的能力圈都不盡相同，亦沒有必要去要求自己的能力圈和別人一樣。透過檢討，了解自己的能力圈就是了解自己，堅守自己的能力圈去投資，不斷學習去擴濶自己的能力圈。能力圈的能力可能來自於你的工作、你的生活、你的個人興趣等。

彼得·林奇 (Peter Lynch) 被譽為「全球最佳基金經理」，他特別擅長和家人一起逛街去發掘出投資靈惑。對週圍的事物充滿好奇心，可能會在投資上有意想不到的收穫。

思考——提高投資勝率

投資好像一個關於機會率的遊戲，影響機會率的第一大因素是選股。認真做好選股是邁向成功的長線投資的第一步。

巴菲特在《致股東的信，1989 年》中說：「以一般的價錢買入好的企業，勝過用好的價錢買入一般的企業。」他的大部份回報都來自於選中優質的企業，而不是因為一次估中短期股價走勢。

很多投資者花了大量的精神和時間，去估走勢，去捕捉走勢，反而選股就很隨便，可能看 5 分鐘新聞或者社交媒體就去下投資決定，或者聽別人一面之詞去下投資決定。

多實踐，有成功，又有失敗，認真去檢討，漸漸去摸索出自己成功的例子是有跡可尋，這代表了你個人的能力圈所在。多去做你擅長和能力圈

範圍內的東西，透過學習去擴濶自己的能力圈。了解並堅守自己的能力圈，就可以增加成功的機會率。由於能力圈很個人化，不需要去複製別人，不要求自己必須做和別人相同的事。

投資充滿不確定性，投資包含運氣成份，但不是完全出於運氣。投資者不拒絕運氣，整理出能力圈，就是盡量減低對運氣的依賴。

不少投資者以為投資是去找出100%絕對的答案，其實不能找到，應該說不需要。經常問別人投資意見：「買xx是否適合？買 xx會不會下跌？現在買xx是否太遲？」如同把自己的投資決定外判，希望得到別人認同，希望得到來自權威的絕對答案。

但投資就是包含不確定性，找100%絕對的答案如同否定不確定性的存在，更甚者是一廂情願以為抓緊了確定性，往往只是忽略了當結果不似預期的風險考慮。

投資是在不確定性中，找尋相對大一點的確定性，而不是絕對的確定性。當你找到大概的答案，已經可以有不錯的回報。

關於機會率，假設你做的100個投資決定之中，有55個正確，有45個錯誤，成功機會率是55%。不要少看此55%，只要機會率超過50%，你不斷重複又重複去參與這個遊戲，持之以恒，最重要是做到穩定性和可持續性，就會得到如同複式增長的效果。

第二章 我的投資和選股風格

2.1
科技板塊（Web 3.0）發展前瞻

你的投資，代表了你的世界觀和價值觀，因為你會把資金投放在你認為在世界中有價值的東西之上。

投資反映了人對於處身的世界的認知，而科技就在我的生活和投資都佔重要角色。

本章會介紹我的投資和選股風格，但投資科技股對比傳統股有更大的風險，大家要有心理準備，做好風險管理。

從無到有的互聯網

千禧一代的朋友誕生在互聯網已經流行的時代，一切科技帶來的美好似是理所當然。

我在未有互聯網的時代長大，在 80 年代讀中學時已是一個科技迷，喜歡玩電腦，編寫電腦程式，投稿到電腦雜誌。之後在香港大學修讀電腦科學(Computer Science)，1990 年畢業到銀行中 IT 部門工作。

90年代個人電腦漸漸流行，漸漸成為大家工作環境和個人生活中的主流，90年代尾互聯網開始流行，當時仍想不到會對世界會帶來翻天覆地的改變。投資者對於互聯網科技有無限憧景，造成2000年的互聯網泡沫(又稱科網泡沫，Internet Bubble，dot-com Bubble)，隨後泡沫爆破而股市大幅度下挫，亞馬遜(Amazon)股價下跌了超過90%。

當年我在大型銀行中工作，對科技發現的感受更深刻，因為起初銀行對於互聯網其實十分保守，擔心互聯網會令內部系統帶來很大的風險……最後，科技證明了自身的發展方向。

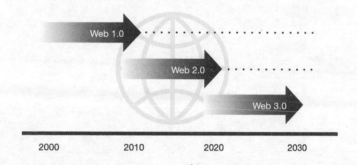

至大約2010年，智能手機流行及真正普及，上網成為了每個人的生活習慣。到了2024年，大小企業幾乎不可能在沒有互聯網之下運作，茶餐廳透過QR Code和手機下單，網上銀行甚至取代了大部份銀行分行的工作，依靠分行去營運的模式漸息微，衍生出完全不依靠實體的虛擬銀行和虛擬保險公司。

原來不知不覺間，我們已經經歷了Web 1.0和Web 2.0的演變。人在渴求科技的改變，憧景下一個世代，即Web 3.0的來臨。從前瞻性的角度，我認為Web 3.0很大機會成為未來十年互聯網的持續發展趨勢，值得大家去留意及了解。

不斷演變的 Web 3.0

Web 3.0仍然在演變之中，未必有一個絕對完全一致的定義，當中一些重點如下：

互聯網的演變	Web 1.0	Web 2.0	Web 3.0
使用者	大部份人是用家和消費者	每個人都是內容創作者	使用者是擁有者，包括：創作的內容、私隱數據、數碼資產
連接電子裝置	電腦	智能手機	VR / AR眼罩、邊緣/物聯網、加密貨幣錢包
科技應用特色	網頁瀏覽	手機應用程式、多媒體	區塊鏈、AI、空間運算
應用例子	網上銀行、網上書店	社交媒體、手機支付	3D應用、數字孿生
商業模式	純綷把實體搬到網上、中心化	流量轉化為盈利、中心化	經濟體、去中心化？
科技企業代表	亞馬遜 Amazon	Meta、谷歌 Google	未知？

內容生成	PGC (Professional Generated Content)，由專業人士創作出內容	UGC(User Generated Content)，透過使用社交媒體，每個人都是內容創作者，強調內容的豐富度及個性化	AIGC(AI Generated Content)，AI 生成內容強調是內容生成的效率

區塊鏈技術、加密貨幣、AI人工智慧、空間運算等都是Web 3.0的重點，以下將逐一介紹，先了解它們的技術，才能進一步分析其投資價值。

區塊鏈與去中心化

大家習慣使用傳統的金融系統，以中心化的管理及營運，背後是金融機構。

而區塊鏈是一種去中心化的、分散式的、公共的數位帳本(Distributed Ledger)，即是將交易記錄在大量分散的電腦上，這樣在不改變所有後續區塊和網路共識的情況下，交易記錄就不能被改變。除了記錄交易，區塊鏈也可以記錄任何數據，執行應用程式(DApp，Distributed Application)，可以視區塊鏈為 Web 3.0的其中一種軟件開發平台。

以上指的中心化的區塊鏈是公共區塊鏈(Public Blockchain)，它容許任何人參與營運，參與營運的相關的「礦工」或者驗證者，會得到相關的加密貨幣作為經濟獎勵，當使用區塊鏈交易或者執行DApp，就需要以加密貨幣支付費用。所以，區塊鏈與加密貨幣的關係密不可分，如果

只有區塊鏈而沒有加密貨幣的運作存在，就無法吸引人參與營運。愈成功的公共區塊鏈，會吸引更多人參與，做到高度去中心化。同時加密貨幣可以用作交易媒界，例如買賣區塊鏈上建立出來的資產、NFT、虛擬道具等。整個區塊鏈就成為一個如同經濟體的生態體系。

公共區塊鏈以外，機構或者企業也可以營運自己的區塊鏈，那就不能做到去中心化的效果，當機構或者企業不再存在，區塊鏈就停止運作，如果利用區塊鏈作為價值儲存或者資產驗證，所強調的資料持久性 (Data Persistency) 亦會隨著機構或者企業關閉而消失。

「藍籌」加密貨幣

截至 2024 年 3 月的統計，全球已有約 13,217 種加密貨幣，但並非所有加密貨幣都是活躍或有價值的。扣除許多「已死」的加密貨幣後，只剩下大約 8,985 種活躍加密貨幣，而加密貨幣用戶約為 4.2 億。

加密貨幣的數目眾多，但不是全部都有投資價值，投資者需要去細心研究。十大市值的加密貨幣 (參考：coinmarketcap.com) 相對會較安全，成立歷史較長亦是安全性考慮。加密貨幣是高風險的投資，投資者需要有充足的認知和控制注碼。

至 2024 年，比特幣 (Bitcoin) 和以太幣 (Ethereum) 是最大市值，有最大主導地位的加密貨幣。無論在區塊鏈的營運節點 (Node) 和加密貨幣的擁有者，兩者都做到最大程度的去中心化。它們可以說是加密貨幣中的「藍籌」，可以先從研究兩者開始。

加密貨幣	細節
BTC (Bitcoin)	第一種去中心化的加密貨幣，設計時已控制了最終的發行量是2,100萬枚。由於預先固定了發行量，有人視 Bitcoin 為價值儲存的媒界。 Bitcoin 的創立者 Satoshi Nakamoto 曾發表的白皮書《*Bitcoin: A Peer-to-Peer Electronic Cash System*》(比特幣：點對點電子現金系統)，視 Bitcoin 為電子現金系統。經過十多年的發展演進，系統的確可以支持轉帳，但因為交易速度和交易收費都有一定限制，所以仍未普及作為日常電子支付。更常見的共識是視 Bitcoin 為一種商品 (Commodity) 產資類別。
ETH (Ethereum)	這是應用型代幣 (Utility Token) 的例子，可以透過支付這種加密貨幣去使用相關區塊鏈上的功能。打個比喻，就像主題樂園的「樂園代幣」，訪客想享用遊戲設施，就要支付樂園代幣。當主題樂園建造更多遊戲設施，有更多訪客到訪，樂園代幣就會更加有價值。 Ethereum 的特色是它的區塊鏈可以作為一個平台去開發及執行分散式應用程式 (DApp，Distributed Application)，概念好像 Windows 和 iOS 都是作為平台去開發軟件，分別在於 Ethereum 的 DApp 不是在我們自己的個人電腦或者手機上執行，而是在互聯網上連接了以數以萬計的節點 (Nodes) 的電腦上執行，分佈在世界各地。

USDC (USD Coin) USDT (Tether)	它們是Stable Coin(穩定幣)的例子。穩定幣的出現，是因為針對加密貨幣的價格不穩定。穩定幣可以作為加密貨幣交易中，暫時儲存價值的媒介，USDT、USDC 都是美元穩定幣，以與美元以1比1的掛鈎為目標。加密貨幣投資者持有穩定幣，就好像股票投資者持有現金，亦方便了不同加密貨幣交易所及錢包之間的各種轉帳。
	穩定幣背後有等值的美元或商業票據支持，好處是作為控制該穩定幣的發行量，要發行更多的穩定幣，就要有更多的資產在背後支持，可以説這是根基去支持穩定幣價值的重要因素。

AI 人工智慧爆發

80 年代末，我在大學的 Computer Science 課程中都有接觸 AI，但只是作為一個科目或者理論研究層面，和日常的應用仍然有一段很大的距離。直至近年，AI 如進入一個爆發性的發展時期，以下三個重要因素推動了 AI 的飛快發展：

- **大量數據：**互聯網流行了約20年，已深入到人的工作和生活當中，人們每天每時每刻不停產生數據，這些數據作為AI訓練的素材，對於AI的發展至關重要，數據可以是網頁的文字/影像/影片內容、瀏覽器產生瀏覽網頁的數據、網購產生的消費數據、相機產生的影像數據、攝錄機產生的影片數據、GPS手錶產生步行和跑步的數據、電動車產生的路面數據……我們在互聯網上的每個動作，都在產生數據。

- **先進算法：**隨著AI的研究理論發展，例如ChatGPT使用的神經網絡

的深度學習，新的AI模型代表新的算法，令到電腦做到如人腦的一種學習能力。

- **算力提升：**有了足夠的數據量和先進的算法，還必需要有充足的算力去達到 AI 運算的要求，硬件如GPU的改良，大大縮短了AI的運算時間。

相對於雲端(Cloud)是代表背後的數據中心系統，邊緣(Edge)就是接近用家的一端。AI科技可以應用於更多不同的場境，邊緣則可以配合更多不同的裝置使用，例如：物聯網(IoT，Internet of Things)、有自動架駛功能的電動車、自動化的機械人等，裝置可以把收集到的數據在邊緣透過AI運算，作出即時反應，無需等候數據傳輸回雲端才處理，可以做到低延遲(low latency)和增加數據私隱度。AI個人電腦(AI PC)和AI手機(AI Phone)都是朝這個方向發展。

近年的科技發展中，雲端服務和5G的技術發展漸趨成熟，和AI 科技發展息息相關，因為雲端服務提供了大量數據儲存量和巨大算力支援，5G網絡可以加速系統和裝置之間的數據傳送。各項的需求是互相吸引而相輔相乘的效果。

空間運算的「沉浸式體驗」

Web 3.0使用空間運算的技術，令人類與電腦互動的方式，從過去的靜態轉變為當今的「沉浸體驗」，是更加人性化的感觀方式。

空間運算(Spatial Computing)是指利用數位技術，使電腦能夠如同在3D 世界中無縫互動的過程，它將現實世界和數位世界融合在一起，使我們的現實和電腦景觀交織在一起，簡單的例子，使用社交媒體的位置標記(Location Tagging)都是空間運算的一種組成部份。

XR (Extended Reality)	細節	應用例子
虛擬實境 VR (Virtual Reality)	運算產生完全虛擬的影像,透過眼鏡,會看到近似現實的現象和感覺,有臨場感,是完全的虛擬環境。	• 外科醫生可以在對實際患者進行手術之前在虛擬環境中練習複雜的手術。 • 飛行員可以進行虛擬飛行訓練,模擬不同的場景並提高技能。 • 身在家中,可以投身於遊戲的戰場環境。
擴增實境 AR (Augmented Reality)	看到真實的景物的同時,加入電腦產生的數據資料的虛擬內容,增強體驗,透過眼鏡,看到的是虛擬環境和現實環境的結合。	• 透過眼鏡看到街上景物的真實世界,同時看到方向、導航資料、位置等特定訊息。用戶能夠獲得更直覺、身臨其境的導航體驗。 • 工人巡視物流倉庫,透過眼鏡看到貨架和貨物,同時看到庫存、訂單等資訊,方便管理和監察。

混合實境 MR (Mixed Reality)	是AR的更進一步的層次，虛擬物件如融入到現實環境之中，用家可以作出MR式互動，是VR和AR的結合。	• Apple Vision Pro的使用者可以同時看到處身的真實世界和虛擬影像 (例如 : 客廳的背景和使用中的應用程式畫面)，透過眼球轉動和手指動作就可以和系統進行互動，是完全直觀的操作體驗。

空間運算涉及廣泛的技術，在許多情況下，這些技術不是單獨運作，而是在相互協同時可以提供更大的效果。

- VR(Virtual Reality) 虛擬實境、AR(Augmented Reality) 擴增實境、或 MR(Mixed Reality) 混合實境，三項合稱為 XR(Extended Reality)

- 物聯網 (IoT，Internet of Things，裝置具備感測器)

- 語音辨識

- 手勢識別等

透過將電腦的使用者介面整合到物理環境中，電腦系統變得越來越隱形，現實世界和虛擬世界之間的分界線變得模糊。空間運算使電腦無縫地成為環境的一部份，利用人類自然的空間能力來提高體驗和生產力。透過 VR/AR/MR 技術，人可以遊走於現實環境和虛擬環境之中去獲得互動式體驗。

為實體物件建立虛擬模型，實體物件和虛擬模型就成為一對數字孿生 (Digital Twin)。虛擬模型反映實體物件，亦可以被修改或者設定為各種情況，或者使用實體物件上的感測器，發送即時數據到虛擬模型，來模擬情況並監控操作，令虛擬環境成為機械人、無人機、電動車等的 AI 訓練場地。因為虛擬環境有著高度的像真性及合乎物理定律，裝置完成 AI 訓練後，回到現實環境就可以執行工作。

總括而言，空間運算不但增強了我們各種應用的體驗，包括：導航、培訓、設計、管理、監察、遊戲等；虛擬環境的應用則有助節省成本、降低風險、增加效率。

泡沫和企業價值無關

以上這些技術，相信會繼續發展並愈來愈普及，但大家對於 AI 時代及

Web 3.0的憧憬，難免令人聯想起2000年的互聯網泡沫爆破，起因就是投資者對於互聯網科技的過份憧憬與炒作，最終導致股價大跌。

科技的發展，證明了投資者昔日對於互聯網科技的憧憬並非錯誤，只是時間太早了，而且幅度太大，但是大概趨勢其實是正確的。大部份投資者都太過短視，缺乏長遠視野，往往在泡沫的高位買入，在大跌後的低位賣出，又或者在低位回升少許就急急賣出。最終可以真正獲得數十倍，甚至過百倍的可觀回報者，相信只是極少數。

研究機構高德納諮詢公司(Gartner)提出的技術成熟度曲線(Gartner Hype Cycle)就科技發展趨勢，提供了不錯的解讀。

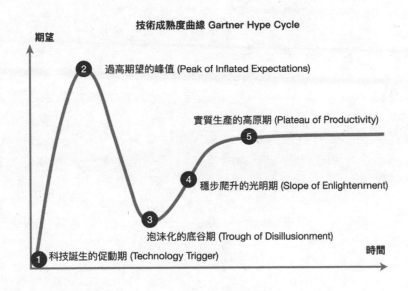

技術成熟度曲線 Gartner Hype Cycle

1. 科技誕生的促動期(Innovation Trigger)

2. 過高期望的峰值期(Peak of Inflated Expectations)

3. 泡沫化的底谷期(Trough of Disillusionment)

4. 穩步爬升的光明期 (Slope of Enlightenment)

5. 實質生產的高原期 (Plateau of Productivity)

對於新科技的期望和媒體的曝光率是相關的，推動投資者情緒，當期望升到最高點，然後期望落空而泡沫爆破，對於新科技的期望就跌到谷底。不過，最為弔詭的是，當大部份投資者對於科技市場失去興趣之時，同時亦是新科技發展的浴火重生，科技發展落地開花，成為現實生活中的應用，人漸漸對於新科技回復合適和合理的期望。

所以，應否害怕互聯網泡沫重演，而避免投資新科技？我認為這種說法，是把泡沫和企業價值混為一談，泡沫是指向股票價格，價值是指向企業的內在價值。當股票價格太高而泡沫爆破，背後的企業可能仍有自己的內在價值 (亦可能無)。而即使企業這一刻沒有內在價值，將來亦可能發展至有相當的內在價值。

亞馬遜就是很好的例子，在互聯網泡沫中股價曾下跌超過90%，到了2024年3月，亞馬遜的股價對比泡沫高峰時高出數十倍，如果從低位計更是高出過百倍。企業的發展沒有因為股價大跌而停下，公司不斷求變去發展出雲端服務，和當初的網購業務是完全另創一個的分支，最終成為一間偉大的企業。

經歷泡沫去蕪存菁，亞馬遜代表了成功的公司，相反，劣質公司的股價可能永遠不會回到高位，甚至在股票暴跌之後已經從市場中消失。我們需要的，是對科技知識有更多的理解，希望可以在早期發現有潛力的投資機會，並區分出劣質而缺乏科技基礎的企業，以避免造成永久虧損。

科技趨勢中尋寶

在 Web 3.0 科技發展趨勢中，應該從哪個方向著手，找出有潛力的企業？

參考 Morgan Stanley 的研究，在 Web 2.0 流動互聯網的發展過程中，大約可分為三個階段，並以相關的科技板塊對比指數表現：

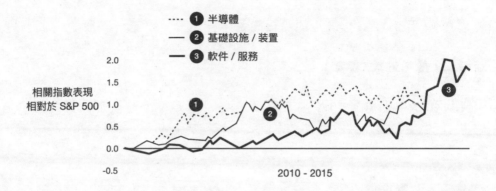

1. 半導體：首先晶片被研發及生產，代表是 Qualcomm、Arm。

2. 基礎建設/裝置：生產硬件並將晶片安裝入其中，代表是 Apple、Samsung。

3. 軟件/服務：在硬件上開發軟件並執行，提供服務給顧客，代表是 Google、Meta、Amazon。

Web 3.0 各階段的代表企業

三個發展階段在時間上可以是有些重疊，而且平行地發生。把這三個階段套用在 Web 3.0 的科技發展趨勢中：

階段一 (半導體)

首先見到的是半導體的發展，晶片作為科技技術的底層，其發展需要先於基礎建設 / 裝置及軟件 / 服務。半導體行業經過多年發展，產業已經高度整合，半導體產業的各部份已經有明顯贏家跑出而成為龍頭。由於普遍需要高資本不斷投入，只有龍頭可以有足夠收入支持高資本投入，這形成一種優勢，令到競爭者的入場門檻極高，龍頭的地位越加堅固。

輝達在 AI 用途的 GPU 晶片的銷量開始極速上升，是第一階段的代表。

階段二 (基礎建設 / 裝置)

Web 3.0 的各種技術如 AI、區塊鏈、空間運算等，背後都需要大規模的基礎建設支持，包括：雲端服務、自建數據中心、伺服器、超級電腦。

亞馬遜和微軟提供的雲端服務，是第二階段的代表。

階段三 (軟件 / 服務)

在第三階段的軟件 / 服務是發展較遲，但製造出來的盈利最多，當中涉及不同行業的應用場景，包括很多不同的企業，和半導體行業的比較集中是不同情況。半導體龍頭公司的數目是少數，去瓜分底層技術得來的盈利，之後的章節會有更多關於半導體的討論。

微軟、谷歌和 Meta 已經開始很積極地發展軟件應用，是第三階段的代表。

也可以將 Web 3.0 的各種技術，配合各個發展階段分野，從相關項目中尋寶：

發展階段	1	2		3
科技板塊	半導體	基礎建設/裝置		軟件/服務
AI	GPU、ASIC (Nvidia、AMD、Amazon、Google 等)	雲端服務、自建數據中心、伺服器、超級電腦	AI 個人電腦、AI 手機、邊緣、物聯網、機械人、電動車等	專門提供 AI 解決方案的公司 (OpenAI 等)、科技巨企 (Microsoft、Google、Meta、Amazon、Apple 等)、以至各行業的應用 (Adobe 等)
區塊鏈	GPU(Bitcoin 使用 POW 共識機制，很高算力要求)、CPU(Ethereum 使用 POS 共識機制，算力要求較低)	雲端服務、自建數據中心、伺服器、超級電腦	加密貨幣錢包	Bitcoin、Ethereum、開發者在其上開發出更多軟件應用

空間運算	Qualcomm 和 Apple 是代表，提供眼罩裝置上的相關晶片、圖像處理亦使用 GPU(Nvidia 等)	雲端服務、自建數據中心、伺服器、超級電腦	VR/AR/MR 眼罩 (Meta Oculus 和 Apple Vision Pro)	Meta 和 Apple 提供了平台，開發者在其上開發出眾多軟件應用

感受生活中的科技與投資

但我要提醒大家，Web 3.0 並不是一定會成功的，所以我在投資時會計入此風險因素，包括考慮公司是否原本已經有穩定的業務和盈利基礎。如果 Web 3.0 發展不成功，這是最壞情況的底線；如果 Web 3.0 發展成功，公司就會擁有很大優勢。又或者 Web 3.0 的各項技術 (區塊鏈、AI、空間運算)，只有某一兩項可能發展至成熟，但不是如大家想像般波瀾壯闊，投資就是要去考慮不同的可能性及風險。

我的個人看法，是相對上 AI 發展較早，過去 5 年或者以上已經見到很多日常應用，例如：人面識別、網購中推薦貨品、智能喇叭 (Smart Speaker) 等，只是 2023 年 ChatGPT 出現，企業和大眾對 AI 的關注度急升，AI 科技湧現出更豐富和更強大的應用場景，可以説是 AI 發展踏入新另一個新的里程碑。所以我認為 AI 人工智慧的發展步伐是三項技術中最快，相對上確定性最大。

正如我在前文所説，我們需要對科技知識有更多的理解，但不是單靠看

大行的分析報告，更最好的方法是從自己的生活中去經驗，由投資者變成用家，透過自己的第一手體驗，可以有更多不同角度的理解，對自己的投資決定就會更有信心。

區塊鏈與加密貨幣

大部份人熟悉的金融服務都是來自中心化的金融機構如銀行，區塊鏈和加密貨幣是完全另一個世界。無論你是否決定投資，都值得去了解一下，就當作是學習一種新知識。加密貨幣不是如股票需要以一手或者一股作為交易單位，亦不是以一個幣作為交易單位，你投資 1,000 或者 500 港元都是可行。

- 香港已經實施虛擬資產交易平台發牌制度，使用已經由證監會 SFC 發牌照的交易所會較為安全，建議到證監會官方網站去查看及使用已經獲發牌照的交易所 (截至 2024 年 3 月，有兩間交易所已經獲發牌照)。在交易所買入加密貨幣之後，可以選擇把自己的加密貨幣發送去個人加密貨幣錢包，這是較好的做法。當你的加密貨幣存放在交易所，仍然是在一個中心化的機構之中，相反使用個人加密貨幣錢包才是真正去中心化的體驗，你亦可以和朋友之間交易。雖然交易所有一定的網絡安全措施，由於交易所存有大量加密物幣，亦可能成為駭客入侵的目標。

- 熱錢包 (Hot Wallet) 是一個可以在手機或者個人電腦上運作的軟件，安全性是中等，因為長期連上互聯網，相對上有較多被駭客入侵的風險。

- 冷錢包 (Cold Wallet) 是一個小型的電子裝置，需要使用時才透過 USB/USB-C 或者藍牙連接到手機或者個人電腦使用。本身的設計有

相當高的安全性考慮，加上不是長時間連上互聯網，相對上被駭客入侵的風險較低。

實際應用 AI

透過個人電腦和手機，已經很容易使用到在市面上AI的實際應用。

- Microsoft Office/365 Copilot，可以起草文件和電郵。

- Poe手機應用程式背後連接了多個AI聊天機械人(AI Chatbot，包括：ChatGPT等)，我寫上一本書《AI投資時代》，也用了Poe去做網上資料搜集。

- 我用Microsoft Designer的AI生成影像，作為Blog中網上文章的插圖。

- 應用在投資，使用AI可以幫助把業績報告做總結，或者比較不同業績報告中的資料。

照片使用 Microsoft Designer AI 生成

體驗空間運算

市面已有很多支援VR的遊戲配備，或者支援AR的手機應用程式等。

但截至2024年3月，香港仍未有Apple Vision Pro開賣，可以等待稍後去Apple Store蘋果實體店親身體驗一下。

投資需要去了解世界，科技投資更加需要同時去了解科技世界和商業世界的運作。即使退休之後，在生活中仍然可以對週圍的事物充滿好奇心，與時並進，以免和社會脫節。對於科技知識的追求，了解得更多，可以增加對於科技行業和企業的分析能力，對相關投資有幫助。

科技的價值來自於應用，一種科技能廣泛被很多人使用才有價值，是這些使用科技的人，體現了科技的價值。

2.2
我的投資組合部署

自己一向比較抗拒評論 / 推介一大批股票 Number，避免斷章取義之下，單純被視為投資建議，但不談個別股票，又很難清楚解釋投資及選股理念。

最後我決定以自己在 2023 年結的投資組合作為示範，重點不是組合中的股票 Number，而是以投資組合作為一個整體，討論背後的投資邏輯，貫穿之前章節提及的選股考慮和科技發展前瞻性的思維，希望能幫助大家在投資科技股時，有一個選股及部署思路可以參考。

這個投資組合，是自 2016 年建立後而慢慢演進，中間經歷了各種市況，經過各種思考，最終才得出這個我認為最適合自己的版本。我特別想強調背後的投資邏輯和思考的重要性，因為每一個人的情況都不同，大家可以用我的經驗作為真實個案，視為一個參考，再去思考和審視自己的情況，建立最適合你的版本。

以下就是我的投資組合 (2023 年結)，我會在下一章節起逐一介紹當中的選股原因和思路，現在先討論這個組合整體的重點。

股票	佔比	股價	成本	回報	開始買入
Nvidia (NVDA)	25.7%	495.22	54.87	802.6%	2017
Direxion Daily Semiconductor Bull 3X Shares (SOXL)	15.4%	31.40	20.26	55.0%	2021
Microsoft (MSFT)	14.3%	376.04	217.43	72.9%	2019
Apple (AAPL)	11.5%	192.53	119.02	61.8%	2018
ASML (ASML)	11.4%	756.92	336.95	124.6%	2018
Amazon (AMZN)	6.6%	151.94	76.10	99.7%	2018
Ethereum (ETH)	6.0%	2282.05	1720.49	32.6%	2021
Tesla (TSLA)	2.9%	248.48	226.63	9.6%	2020
TSMC (TSM)	2.7%	104.00	55.00	89.1%	2018

分散投資與股票數目

分散投資是管理風險的其中一個基本的有效方法。投資一隻個別股票的最大風險是公司清盤，投資多隻股票，所有公司都同時清盤的機會率大幅減少，於是最大虧損就控制在你分散投資於每間公司的金額。此外，如果把所有資金押注在一隻股票，表示你對自己的投資判斷十分有信心，甚至是過大的信心，但萬一判斷有錯，甚至是全錯呢？分散投資多隻股票，就可以令自己有多一點容錯空間。

但要分散到什麼程度？通常投資10隻股票，已經做到一定程度去分散個別股票風險。如果資金規模大，可以分散到10-20隻股票；如果資金不多，至少也應考慮分散到4-5隻股票。如果投資ETF，因背後已經包括一籃子的股票，做到分散個別股票的風險，但是最好不要投資單一隻ETF，以防萬一ETF的發行商出現問題。

另外就是相關性的考慮，由於不同股票有不同特性，例如：傳統股相對比較穩定，科技股相對比較波動，它們之間的相關性較低。如果投資組合包含傳統股和科技股，可以減低投資組合整體的波動性。相反，如果投資的股票全部都是同一類，就不能做到降低相關性的分散效果，就如我自己的投資組合，雖然分散到9隻股票(其實是8隻股票＋加密貨幣Ethereum)，但所有股票都是科技相關，波動性會較大。這樣的風險程度我自己接受到，但每個人的承受風險能力都不同，所以一定要了解自己的情況，獨立思考。

我為何會有這樣的分散部署？首先在股票數目方面，我的組合曾經去到約20隻股票，但慢慢發覺股票數目越少，自己可以分配去研究每一隻股票的時間就越多，做決定時越加謹慎，對提升投資績效有幫助，於是最後調整至只包含9隻股票。至於股票類型，因為科技股是我的能力圈，我對自己研究科技股比較有信心，相信效果會勝過為了分散而投資自己不熟悉的股票或者資產。

如何判斷投資組合的風險程度是否適合自己，觀察自己的「睡眠質素」是一個不錯的指標，例如我持有9隻科技股，持有得安心而睡得好。如果你投資後睡眠質素變差，很大可能代表風險管理出現問題，在一個不適合自己的水平。

最好的投資是令自己安心的投資，首先要做的是了解自己。

資金比重及再平衡

決定股票數目後，就要決定資金的分配比重，因為不是機械化地把所有資金去平均分配。我選股的首要考慮是相關企業的增長前景及其確定性，如果我判斷其確定性較大，信心會比較大，分配的資金都比較多。相反，信心比較小的，分配的資金都比較少。造成的效果是「頭重尾輕」的三角形組合，目的是希望爭取投資組合整體較好表現。

其次的考慮是風險和最大虧損。例如加密貨幣Ethereum的波動性和風險都特別高，甚至最壞情況可能全部虧損。風險大不等於不投資，我會以控制注碼去控制風險，投資比重是10%以下。考慮到台積電TSMC的地緣政治風險和Tesla面對電動車行業的劇烈競爭，加大了不確定性，佔組合中的比重都相對比較低。

買入股票一段時間後，由於每隻股票的升跌幅度不同，投資組合中的各股票比重就會偏離你原先的分配。機械化的再平衡(Re-balance)，就是賣出一部份上升幅度較多的股票，買入上升幅幅度較少或者下跌了的股票，調整至接近原先分配的資金比重。

機械化的再平衡 (Re-balance)

| 股票 A 的股價上升 | 賣出 A，買入 B / C / D |

A	40%		A	55%		A	40%
B	20%		B	15%		B	20%
C	20%		C	15%		C	20%
D	20%		D	15%		D	20%

我自己在再平衡上的做法上比較彈性，不一定要求回到原先分配的資金比重，因為如果某隻股票上升幅度較多，令其比重增加，某程度上代表這是投資組合中的贏家，不一定要急於賣出，重點是要去分析上升背後是否有足够的基本因素支持，以及基本因素是否可以持續，這會影響未來股價走勢。此外也要考慮估值，如果股價上升至大幅度偏離估值，即使公司基本因素十分好，也不代表未來有潛在股價升幅，甚至未來股價是會下跌。所以重點是要分析，否則機械化的再平衡操作，可能是去賣出贏家，然後買入輸家。

自己在退休之後，由於沒有由工作而來的主動收入，不會持續有新資金投入去投資，所以我會把跌市的操作，加入以上的比重及再平衡作一併去考慮。如果兩隻股票基本因素及前景十分良好，我會考慮賣出一些下跌幅度較少的股票，而買入一些下跌幅度較多的股票，當股市下跌完結而回升，組合就有機會跑贏。

還有另外一點值得思考，當你以現時的股價去計算每一隻股票的金額比重，這不一定等於最初投入資金時的比重。例如：最初投入的資金很少，其比重為小，但是之後股價有相當大的升幅，其比重變為大。著眼點應該是當初的小比重？還是之後的大比重？由於不斷檢討是以最新的資料作為參考，理應更加注重股價上升後的大比重。但是，最初投入的資金很少，包括可能全部虧損的考慮，之後的大幅度上升帶來的回報，即使比重較大，但未必構成很大的心理壓力去急急做再平衡的操作。

以上是我自己對於比重的多角度思考，重點是透過調整比重去不斷優化投資組合，找出一個最適合自己的平衡。

長線投資的成效

大家都可以見到，我的投資組合中，各股票開始買入的年份有早有遲，由2017至2021年都有，當中亦有一些體會想分享。

- 越早買入，越少買賣，長線投資回報是更好，著重複利增長的連續性。

- 持有一隻股票的時間越長，了解企業越深，理論上研究和跟進時就用更少的時間，有更高效率。

- 有時研究完一隻股票，採取分散時段去買入，假設業務和股價都向正面方向發展，平均買入成本價可能慢慢上升。在持有股票的時期之內，亦可能有買入賣出的操作，以我的自己的多數經驗，賣出之後，往往是在更高股價買回，平均的買入成本價就更高(很多投資者期望在高位賣出，然後在低位買回，但不是如想象中的容易。如果沒有足夠技巧，還是乖乖地持有更好)。

- 在2022至2023的兩年內，沒有加入新的股票到投資組合。選股的決定要盡量謹慎，首要考慮是企業的長遠發展優勢，如果組合內的股票一直向正面方向發展，可以調整比重繼續持有，未必要於完全賣出，亦沒有必要每一天不斷尋找投資機會及不停買入賣出交易。

以我自己的經驗，長線投資才能真正享受回報。接下來，我會逐一介紹我的投資組合中，每隻股票的選股思路，大家可以作為參考，建立你自己的組合、找到適合你的投資風格，實行長線投資，長期持有優質企業，透過時間和耐性，因著企業成長而得到回報。

2.3
AI 全面佈局——Nvidia

將輝達Nvidia(NVDA)加入投資組合,是因為在Web 3.0的發展進程中,輝達作為底層技術支援的角色明顯,針對AI發展的佈局亦相當全面。

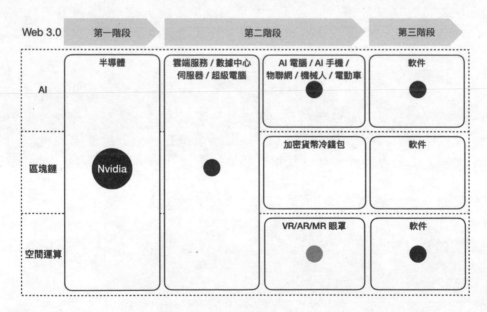

● 企業的產品,或者直接參與的業務
● 企業的產品被應用

增強使用者黏性的CUDA

輝達 AI 數據中心晶片的市佔率約90% 或以上，AI使用到的高算力不單是來自輝達的GPU晶片，輝達在軟件上也做了很多優化微調來提升效能。而且輝達做到垂直式合成，推出自己品牌的超級電腦。

CUDA(Compute Unified Device Architecture)是輝達開發的軟件層，自2007年推出，原本的主要目的是在遊戲中支援圖像功能，後來發展至支援AI運算功能，CUDA提供加速軟件庫(Accelerated Libraries)，是針對不同行業的應用場景而設計，令到企業透過使用軟件庫而去開發自己的軟件，大大降低了使用GPU晶片作為AI運算的門檻。由於CUDA只支援在 Nvidia GPU上執行，企業使用CUDA就必需購買輝達GPU。企業使用CUDA去開發增加了使用者黏性，未來如要轉用其他品牌晶片涉及不少轉換成本。

一般人要轉換電腦，通常購入電腦後，安裝軟件和複製數據/檔案就完成。對於企業客戶要更換電腦或者更換晶片，過程是複雜得多，需要考慮企業眾多系統之間的匹配。如果想用其他品牌晶片去取代輝達GPU，將會涉及：

• 修改系統軟件，不再使用CUDA，使用新晶片的相關軟件配套。

• 新晶片相關軟件配套提供的功能，是否可以完全覆蓋CUDA的功能，如果不能，就會涉及更多軟件開發工作。CUDA是提供類似API之外，其上建立起為各行業度身訂造的系統服務(System Service)將更複雜。

• 完成的軟件修改，需要透過系統測試，測試的範圍个一定只是修改了的系統，因為系統和系統之間有整合，都有機會考慮成為測試範圍。

- 以上提及的轉換成本 (Switching Cost)，主要是人力、物力、財力。另外要考慮是風險，因為修改可能影響系統穩定性，影響企業提供的服務。

轉換晶片不是不可能，不過涉及轉換成本的多重考慮，不能忽視。假如使用輝達 GPU 和 CUDA 越久，令到企業和輝達的生態系統嵌入越深，造成更大的依賴性和使用者黏性。

全方位 AI 解決方案

超微 (AMD) 正在發展 ROCm 軟件平台，類似輝達的 CUDA，成為正面的直接競爭。首先 CUDA 的 AI 使用了一段長時間去開發，超微即使可以追上都不是短時間開發。ROCm 平台在供參考文件、效能和採用流行程度等關鍵方面仍然遠遠落後於 CUDA。

除了超微和英特爾，輝達在 AI 晶片上還面對不少競爭，還有雲端服務供應商自家設計晶片，包括：阿馬遜、谷歌、微軟。相信輝達的市佔率會下降，不過不代表有關業務不會增長，因為要視乎整體 AI 市場增長是否可以補償下降的市佔率。根據 Precedence Research 研究，2022 年全球人工智能市場規模為 1,197.8 億美元，包括：硬件、軟件、服務等，預計 2022 年至 2030 年的複合年增長率 (CAGR) 將達到 38.1%，到 2030 年規模為 15,910.33 億美元。

輝達利用 AI 模型已經預先完成大量 AI 訓練成為服務層，客戶可以在其上再利用自家數據進行 AI 訓練，大幅度降低建立 AI 模型的整體所需時間，包括：NeMo 語言模型、Picasso 視覺模型、BioNeMo 生物學模型。輝達分別與 Adobe/Getty Images/ Shutterstock 合作使用 Picasso 去建造各自的視覺模型。

假使將來雲端服務供應商可以利用自家設計AI晶片，去搶走輝達在AI數據中心晶片市佔率，但是不能解決邊緣的用戶端的需求問題，例如：機械人、電動車自動架駛，這是輝達的全方位 AI解決方案的獨特之處。

Omniverse 元宇宙平台

Omniverse是在CUDA之上開發出來的系統，利用AI去建構及模擬造出虛擬的環境。虛擬環境中是合乎物理定律，如同真實環境，兩個環境成為一對數字孿生(Digital Twin)。可以用作產品/場地的設計、測試、模擬及監察、工作協作環境，同時可以作為機械人等裝置的AI訓練場地。已經實施的客戶解決方案，例如：阿馬遜(Amazon)履行中心、百事(Pepsi)物流中心、愛立信(Ericsson)的5G基站佈局、寶馬(BMW)和賓士(Mercedes-Benz)的車廠生產線等。

Omniverse是空間運算是一個實際應用例子，和Meta提出元宇宙式社交著重個人應用場境不同，Omniverse更加著重商業和專業上的應用場境，可以增加效率、降低成本、減少風險，為企業帶來直接的經濟效益。

由於空間運算要處理大量3D影像，輝達在獨立GPU的市佔率約80%，這是一大優勢。同時背後涉及大量的AI技術應用，輝達在AI晶片和數據中心建立起的生態系統，這都可以成為支援。而且新公佈Omniverse 的串流可以連接到Apple Vision Pro，相信有助更多空間運算的應用進入主流。

DRIVE 自動駕駛平台

DRIVE是輝達開發的自動駕駛平台上，包括硬件和軟件的融合，電動車品牌可以透過以下不同方式去採用此技術：

- Orin是系統單晶片(System-on-a-chip，SoC)自動駕駛車輛電腦，適合電動車品牌去建構出自己自動駕駛用的中央電腦。預計2025年將會推出下一代Thor。

- 另外一個選擇是，使用輝達發展出來的Hyperion自動駕駛平台，已經包括Orin晶片和相機、雷射雷達、雷達等整合，是一個綜合解決方案，可以節省不少研發時間。

DRIVE平台技術包括從電動車到數據中心的各個部份，從AI訓練到路上的推理實際駕駛。

輝達DRIVE自動駕駛技術，適合不同車種的電動車使用，包括私家車、自動化計程車、穿梭巴士、貨車等。已經公佈了超過30個合作夥伴使用，包括：Mercedes Benz、Jaguar Land Rover、VOLVO、Polestar、R Auto、IM Motors、Tu Simple、HYUNDAI、BYD比亞迪、NIO蔚來、Xpeng小鵬、Li Auto理想、Pony小馬智行、Baidu百度、DiDi滴滴、Foxconn富士康等。

區塊鏈運算力

加密貨幣的龍頭比特幣(Bitcoin)使用POW(Proof of Work，工作量證明)共識機制，需要晶片提供大量算力，很多礦機電腦使用輝達GPU。現在多了礦機使用ASIC(Application Specific Integrated Circuit)，因為其卓越的速度和效率，不過其設計是度身定造，不及GPU的彈

性大。GPU可以適應市場變化，轉而處理最有利可圖的不同的加密貨幣，這種適應性可能會在動盪的市場中帶來更高的獲利能力。

但隨著區塊鏈技術發展，對GPU的依賴會減少，例如加密貨幣的第二位龍頭以太幣(Ethereum)過去都是採用POW共識機制，後來轉用POS(Proof of Stake，權益證明)共識機制後，大大降低了算力要求超過99%。

不斷提升晶片效能

除了針對AI數據中心應用的GPU，輝達近年亦不斷發展新的晶片設計：

- CPU(Central Processing Unit)Grace處理系統主要工作，包括中央控制。

- DPU(Data Processing Unit) Bluefield處理數據中心基礎設施相關工作。

- 把GPU和CPU合成，成為Grace-Hopper Superchip晶片針對GPU和CPU之間的數據傳輸，提升效能，是把CPU加上 GPU的一種綑綁銷售方式。

- 把GPU合成成為DGX/DGX POD/DGX SuperPOD超級電腦，企業可以直接使用，由以輝達GPU作為零件去生產出的電腦。

- Jetson Nano是一款小型電腦，旨在為入門級邊緣AI應用程式和裝置提供支援的機器人技術，其中包括用於深度學習、電腦視覺、圖形、多媒體等功能。

- 可增強生成式AI效能的GeForce RTX SUPER桌面GPU、GeForce RTX 40系列桌面電腦，目標是滿足AI PC個人電腦在邊緣人工智慧的需求。

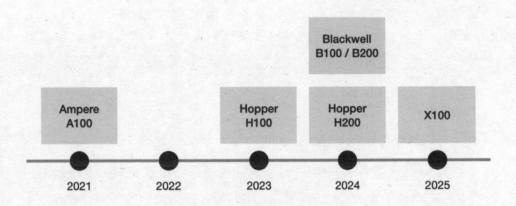

2024 年三月的 GTC 大會公佈下一世代的 AI GPU Blackwell B100 將會取代 Hopper H100；Grace-Blackwell Superchip 取代 Grace-Hopper Superchip。過往通常兩年一個 GPU 世代的做法，將會縮短至一年，更頻密去做到晶片效能提升。

思考——唯一性是重大優勢

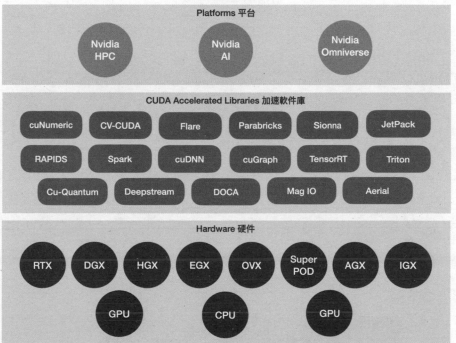

- GPU加上CUDA軟件層的融合，建立真正的護城河，透過 CUDA 軟件層去建構出AI解決方案的一個生態系統，包括：晶片、超級電腦、軟件、系統平台等。

- CUDA做到的功能是度身訂造去乎合各行業的特有應用場境，企業在CUDA平台上開發造成更大的使用者黏性。企業使用了 CUDA之後，若果未來轉用其他品牌晶片，有不輕的轉換成本。

- 較早開始發展AI晶片，得到先行者優勢，在AI數據中心晶片的市佔率約90%或以上。

	2020	2023	增長
軟件開發人數	180 萬	470 萬	+160%
CUDA 下載	2,000 萬	4,800 萬	+140%
AI 初創採用	6,000	15,000	+150%
GPU 加速應用程式	700	3,200	+357%

以上的數字在三年間見強勁增長，由於輝達 GPU 和 CUDA 的發展 AI 運算功能較早，具有先行者的優勢，有一定的安裝的基礎 (Installed Base)，包括雲端／數據中心／用家裝置，吸引軟件開發人員在其上開發出軟件和應用，吸引用家使用，企業得到利潤再去投資購買晶片，輝達透過晶片銷售得到盈利，然後加大研發提升晶片效能，不斷加速整個良性循環。

其他晶片品牌如超微和英特爾 (Intel) 起步較遲，發展越加困難，因為安裝的基礎較小。但如果用晶片設計公司的角度去分析輝達，會是不夠全面，它提供的是 AI 解決方案的一個生態系統。這是硬件加上軟件的融合，做到容易使用及提供高效能去應付 AI 的高算力需求。

由於CUDA只支援在Nvidia GPU上執行，企業使用CUDA就必需要購買輝達GPU。輝達走的是類似蘋果的路，iOS 只可以在iPhone上運行，iPhone上只可以運行iOS，這種唯一性令其很難被取代。

2.4
半導體指數槓桿 ETF——SOXL

Direxion Daily Semiconductor Bull 3X Shares (SOXL) 是包含3倍槓桿的指數ETF，追踪紐約證券交易所半導體指數(NYSE Semiconductor Index，ICESEMIT)。它的風險比較高，而且波幅比較大，不適合風險承受能力較低的投資者，需要特別留意。

SOXL的十大主要持股(2024年3月)：

1. Advanced Micro Devices(AMD)

2. Broadcom Limited(AVGO)

3. Nvidia(NVDA)

4. Intel(INTC)

5. Qualcomm(QCOM)

6. NXP Semiconductors(NXPI)

7. Micron Technology(MU)

8. Texas Instruments(TXN)

9. ON Semiconductor(ON)

10. LAM Research(LRCX)

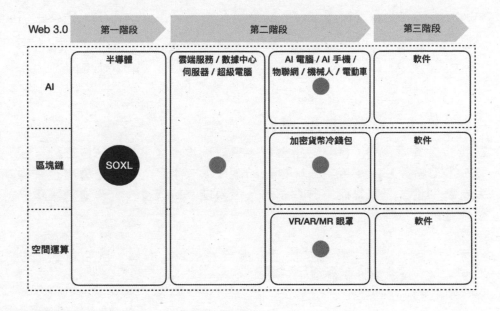

槓桿指數 ETF 的優缺點

SOXL 的投資目標是在一天內提供其追蹤指數的 3 倍的回報。它會把即日升跌幅度放大，長期持有在時間上有損耗，尤其當股價在上落波幅中或者橫行，長期不能完全準確地反映 3 倍回報，不及自行去使用槓桿般忠實地反映回報。

最大的風險是當指數在一日內跌幅超過 33.33%，ETF 可能歸零，對比如果是自行使用槓桿，後者是自行管理爆倉的風險 (但由於指數代表背後一籃子的個股，指數在一日內下跌 33.33% 或以上，機會相對是低的)。

我相信半導體指數長遠是上升，上升的時間是多過下跌的時間，雖然

SOXL無法完全反映回報，但我認為這是自己可接受的方法，去使用有限度槓桿。

半導體行業週期性向好

在我的投資組合中，自己特別喜歡半導體板塊，除了投資個股之外，投資SOXL指數ETF是希望彌補自己的選股如有不足之處。半導體行業過去有週期性，是反複而上升之趨勢。因為隨著時代進步，半導體指數長遠上升的背後原因：

- 同一類別的產品，有更多使用半導體的應用，例如：汽油車到電動車，機械錶到智能手錶。

- 同一件的產品，即使產品銷量持平，「矽含量」(Silicon Content)越來越高，例如：手機從3G到4G，再到5G。

- 新的科技趨勢帶來更多新的應用場境，例如：Web 3.0的多種技術，包括：AI、區塊鏈、空間運算等。

思考——槓桿的考慮

- 是包含3倍槓桿的指數ETF，放大了波幅、盈利、或者虧損，特別需要注意風險。

- 追蹤半導體行業指數，包括不少有實力的企業，免卻自己去選擇個別股票的困難，分散個別股票風險。

我的大部份 SOXL 持股在 2022 年買入，平均成本大概是從高位下跌的 7 成，但結果股價跌了約 9 成，變相自己要捱過約 60% 跌幅。這種波動的幅度未必是每個投資者都能夠接受，投資者要有最壞打算，有可能下跌 90% 的心理準備。

如果有興趣投資半導體行業而不想承受槓桿 ETF 的風險，SOXX 和 SMH 都是追踪半導體行業指數而不含槓桿的 ETF，值得去研究一下。

2.5
AI 輸出窗口──Microsoft

微軟 Microsoft (MSFT) 是一間提供多完化軟件服務的科技綜合企業，尤其是面向企業客戶有相當大的優勢，加上其 Azure 雲端業務及 AI 發展，將使其現有產品更加強化。

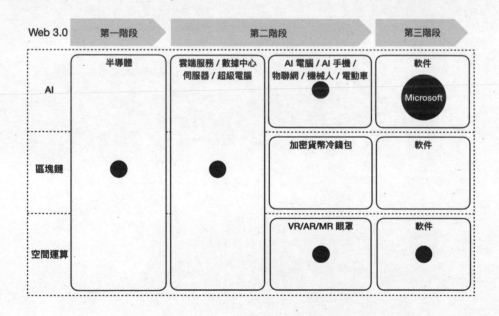

Windows、Office/365

Windows 為個人電腦的一款作業系統，根據2024年2月的統計數字，有市佔率 72%，擁有極大市場優勢及使用者黏性。

Windows 11的更新已經加入Copilot，可以更加容易和更直接令用家使用到這個AI助手，長遠令到AI成為Windows的一種基本配置，相信改變用家習慣更加依賴AI功能。

Microsoft Offic/365加入了Copilot的AI技術，可以配合 Word、Excel、PowerPoint、Outlook、Teams、Power Apps、Dynamic 365等，用戶透過輸入文字下指令(類似使用 ChatGPT 方式)，系統可以從各個軟件中提取數據，可以加入分析，建立成一個草稿，用戶可以檢視及修改，又可以加以自動調整草稿，大大增加工作效率。未有此種功能之前，用戶慣常是使用各種軟件之間，涉及大量的人手功夫(copy & paste)。

微軟的搜尋引擎Bing亦已經結合到ChatGPT，透過文字輸入可以問問題，包括可以把搜尋結果總結。

微軟還提供了多種企業應用軟件，包括：Dynamic 365、Power Apps、Power BI、SharePoint等。Power App可以把各系統資料集成，成為網頁和智能手機應用程式，加大用家使用各系統的方便性。

投資 OpenAI

微軟早期投資了100億美元在OpenAI，透過這項投資：

- 將獲得 OpenAI 的 75% 利潤份額,直到收回投資資金,之後微軟將持有 OpenAI 的 49% 股份。

- 微軟可以使用其 AI 技術應用去豐富自身的軟件生態系統,這是先天的優勢。

- 加上投資 OpenAI 的條款包括使用 Azure 雲端,如果 OpenAI 的業務做得成功,微軟 Azure 從中可得到持續增長。

投資微軟股票就是間接投資了 OpenAI。

SaaS 軟件即服務	**Software-as-a-Service** 如訂閱 Office / 365
PaaS 基建即服務	**Platform-as-a-Service** 如租用 Windows、數據庫、 軟件開發工具
IaaS 基建即服務	**Infrastructure-as-a-Service** 如租用伺服器、儲存空間、網絡

Azure 雲端服務

Azure 雲端運算服務平台,提供 IaaS(Infrastructure-as-a-Service,基建即服務) 及 PaaS(Platform-as-a-Service,平台即服務) 的服務,這受惠於:

- 企業偏向由自建數據中心走向雲端模式,不斷持續把系統搬遷上雲端。

- AI 發展趨勢有很大的算力和數據儲要求，更加大了採用雲端模式，相反自建數據中心去增加算力和容量需時，不能配合市場步伐。

- 即使已經搬遷上雲端的系統仍然會繼續增長，包括：數據、功能、AI 模型升級、開發新的項目等。我相信未來雲端服務市場仍然保持長期可持續增長。

微軟 Azure 擁有雲端服務中環球第二大市佔率(約23%)供應商的地位，近年亞馬遜 AWS 的市佔率在下降，微軟 Azure 的市佔率卻在上升。由於 AI 發展趨勢對於算力的需求，相信 Azure 使用量保持上升趨勢。

由於微軟投資 OpenAI 的條款規定，需要使用 Azure 雲端，其他人使用 OpenAI 的產品服務，間接多了不少 Azure 的使用量。

HoloLens

微軟 HoloLens 2是VR/AR/MR眼罩，主打是企業及科研用途，有利佔據未來空間運算發展的市場。

在2023年因成本削減和裁員而 HoloLens 2的開發受到打擊，但是仍然在推進其發展，並計劃將其整合到 Windows 11中。

微軟與美國陸軍合作開發了類似 HoloLens 的混合實境眼罩，但是在2022年的測試中報告會導致使用者頭暈不適。根據彭博社報道，美國陸軍正在向微軟授予另一份專為戰鬥情況設計的混合實境護目鏡訂單，2023年7月進行測試，改進了其設計，使用者沒有早前的頭暈不適感覺。美國陸軍計劃在該項目上花費高達219億美元，該裝置將於2025年接受陸軍測試以用於戰鬥。

積極研發半導體

微軟和高通(Qualcomm)合作設計的SQ系ARM架構晶片,有比較省電的特性,用於微軟出品的Surface個人電腦。但直至目前,採用 SQ系晶片的Surface 個人電腦未成為市場中主流。

微軟正在研發AI晶片Maia和CPU晶片Cobalt 100,計劃用於 Azure雲服務的伺服器。

微軟開始積極研發自家設計的晶片,但步伐比較蘋果、阿馬遜、谷歌為慢。使用自家設計晶片有助整合由軟件到硬件,提供更好效能得體驗。

思考──數據及應用是關鍵

• Azure雲端服務不斷增長,加上正在搶佔阿馬遜AWS的市佔率。AI科技趨勢加大晶片算力需求,對於Azure未來增長有利。

• Windows、Office/365、及眾多企業用軟件,提供很多AI應用可能性,把數據和軟件功能整合,提高用家的使用體驗。

• AI個人電腦(AI PC)的重點是用戶端的邊緣AI應用,如果未來發展順利,可能帶起Windows個人電腦的換機潮。

無論是個人或者企業客戶,都近乎必定使用過或者正在使用 Windows和Office/365。企業客戶在不同程度使用微軟的企業用軟件。以上成為一個微軟的一個龐大的用戶群及高度使用者黏性,作為輸出AI技術的窗口。由於是現存的用戶,已經有使用的付費模式,只要透過加價或者額外收費訂閱,微軟就可以令到AI技術變現。如果是全新公司創造的

AI產品服務，需要由零開始建立商業模式(我都是Office/365的訂閱用戶，這本書是用 Word 寫成)。

AI技術的應用需要數據在進行訓練時及應用中作出推理時，微軟的軟件包含豐富的客戶數據及應用場境，AI技術令到微軟的現有產品更加強化。相比谷歌(Google)擁有的是互聯網搜尋及瀏覽器數據，優勢不及微軟。不少評論以Bing是否可以超越Google搜尋器成為焦點，我認為這一步未必是如想像中的重要，畢竟微軟的真正優勢來自於現存軟件中的數據及應用，而非搜尋器。

2.6
壟斷性優勢——Apple

蘋果Apple (AAPL) 在2023年第四季的業績發佈會中表示，全球有22億活躍設備(Active Devices)，對比2022年上升了約22%。全球人口約為81億的，蘋果的壟斷性優勢不言而喻。

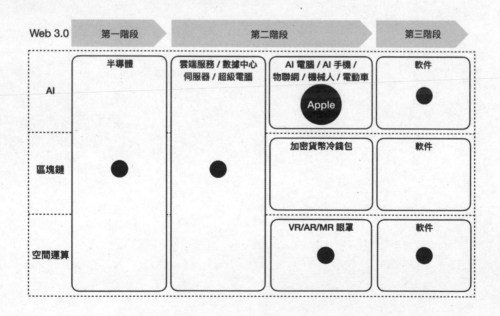

不斷成長的生態圈

蘋果主打個人客戶，但其建立起個人的電子裝置生態圈，無論是個人或者企業客戶都適用：

- iPhone 智能手機

- iPad 平板電腦

- Mac 電腦

- 穿戴式裝置和配件 (包括：Apple Watch 智能手錶、AirPods 耳機、HomePod 智慧喇叭、AppleTV 電視、AirTag 等)

數年前在活躍設備的基礎之上，開始建立的訂閱服務模式，可望另創一項持續性收入，同時比較硬件銷售有更高的確定性，例如：iCloud 雲端儲存、Apple Music 音樂、Apple TV+ 電視、Apple Arcade 遊戲、Apple News+ 新聞、Apple Fitness+ 健身、Apple One 綜合式訂閱等。

使 用 Apple ID、Apple Pay、App Store、Music Store、iTunes Store、Apple Store、iCloud 等，代表背後已經建立的商業模式和付款機制。AI 相關的應用程式和度身訂造的個人化內容，可以使用以上同一機制為公司變現。

iCloud 以訂閱模式作為數據儲存，用家數據為一項有重要價值的資產，可以作為未來的 AI 訓練素材或者開發出新的應用。

生態圈內的產品和服務好用及易用，成為一個良性循環，吸引更多人使用更多產品和服務，生態圈可以不斷成長，未來成為輸出 Web 3.0 技術的出口。

Vision Pro

蘋果推出Vision Pro之前，市場上有高市佔率的Meta Oculus Quest，不大流行的有微軟的HoloLens。蘋果一向推出產品的策略，不是作為最早的先行者，但是會特別用心在產品整體的細節和匹配上，務求做到硬件和軟件融合的最佳用家體驗。有試用過的用家的分享，長時間使用沒有感到頭暈不適，此問題在其他品牌較常出現。Vision Pro的定價貴，相信定位不是針對一般消費者大眾市場的遊戲和社交應用場境，而是高階家居、工作、專業市場，這個差異化是一個好處。

2024年2月推出及開始正式發售，初期階段時只可能佔公司營收的低比重，不會令到業績有很大增長，更加重要是未來是否開發出殺手級應用(Killer App)，才會真正令到空間運算進入主流及帶動長遠增長。

Vision Pro的3D影像務求做到真實世界和**虛**擬世界的無縫融合，還有Persona角色影像，中間已經用了大量AI技術，不少評論認為蘋果完全欠缺AI研發能力是不盡不實。

半導體技術

蘋果有相當高的半導體技術能力，使用自家設計晶片的產品，包括：iPhone手機、Mac電腦、iPad平板電腦、及其他裝置等。Mac使用的M系晶片M1/M2/M3內含有神經引擎(Neural Engine)，可加速處理AI模型，而且裝置在用戶端就可以處理AI運算應用，不需要把數據傳輸回到伺服器，將數據保留在裝置上以保護隱私。

Apple Pay

根據2023年的數據，Apple Pay在全球有5.07億用家，現時使用法定貨幣，可以作付款方法去買入加密貨幣。但是Apple Pay本身不是加密貨幣熱錢包，等待觀察未來是否加入區塊鏈/加密貨幣相關功能。

思考——生態圈帶來的好處

• 提供電子裝置產品形成的蘋果生態圈，用戶有極高的忠誠度，加入AI功能可以提升用家體驗，再強化本身的優勢。

• 建立的服務類收入提供持續性收入，能見度高。

• 邊緣AI(Edge AI)是著重用戶端AI應用而無須把數據傳輸回伺服器，AI電腦和AI手機正好配合到Mac和iPhone，有機會吸引用戶換機去升級硬件規格。

• Vision Pro有機會開展空間運算的新市場，適合專業的高階應用。

但直到目前為止，蘋果沒有高調公佈生成式AI的研發，不及微軟(Microsoft)和谷歌(Google)積極。

如果未來AI電腦/AI手機成為大趨勢，蘋果生態圈內有豐富的裝置將成為一大得益者。對比Windows個人電腦和Android智能手機，有很多不同的硬件生商要面對互相競爭。

2.7
獨市光刻機—— ASML

新的軟件公司發展出一個成功的應用程式,成績可以一鳴驚人。半導體產業鏈中的各板塊有細緻的分工,經歷了長時間的整合,大部份都是已創立數十年的公司。半導體行業發展模式和軟件不同,很多是經過長時間的經驗累積成果,對於新進場的對手,有相當高的門檻。

例如AI晶片的生產:

- 輝達(Nvidia)負責設計晶片

- 晶片設計交給台積電負責生產

- 台積電從艾司摩爾(ASML)購入EUV光刻機作為晶片生產設備

再看看各個板塊的主要競爭:

- 設計晶片:輝達、超微(AMD)、英特爾(Intel)、阿馬遜(Amazon)、谷歌(Google)

- 晶片生產:台積電、三星(Samsung)、英特爾

- 晶片生產設備(EUV光刻機):ASML

晶片生產過程中的設備,其中一個重要的設備是光刻機。檢視產業鏈中

的上游下游，ASML位於上遊的上遊，集中度更高，ASML的光刻機有極高的壟斷性而接近獨市。如果有對手想研發出EUV光刻機和ASML直接競爭，不是不可能，但難度極高。ASML單單是管理供應商，就有數千個之多，ASML擁有數十年的科技研發能力，更能有效地整合來自大量不同供應商的零件。

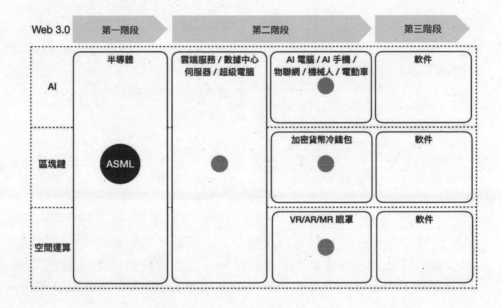

先進技術的良性循環

光刻機近年由DUV發展至EUV，繼續發展至High-NA EUV。晶片的先進製程不斷提升，晶片的技術可以見到的奈米(nm)製程不斷在縮少，需要的光刻機就越精密和越昂貴。製程越縮少，晶片運算速度越快，越省電。由於ASML的高度掌握技術而且很難取代，它有很大的定價權。

光刻機	細節
DUV 深紫外光光刻機	7nm 以上的成熟製程
EUV 極紫外光光刻機	7nm 至 3nm 的先進製程 售價約 1.8 億美元 2017 年推出
High-NA EUV 高數值孔徑極紫外光光刻機	下一世代的 2nm 或者以下的先進 製程 售價約 3.8 億美元 2023 年推出

- 光刻機產能有限制,下訂單一般要等一年或以上才付運。業績發佈會中會公佈訂單的資料,一年之後付運才收款,對於未來營收有一定能見度。

- 隨著疫情引起供應鏈的問題,另外加上地緣政治的風險考慮,各國更加意識到在地生產的重要性和戰略性。於是近年見到很多興建半導體晶圓廠的計劃在進行(美國、歐洲、日本等),造成更多光刻機的需求。

- 綜合三間機構的預測數字(Tech Insights /McKinsey/Semi),環球整體半導體市場,由 2021 年至 2030 年,預計增長大約一倍,增長到 10,000 億至 13,000 億美元。科技的進步帶來更多半導體的應用,尤其是 AI 的科技發展趨勢,有巨大的算力需求,這些都是 ASML 推動先進製程持續發展的誘因。ASML 擁有相當大的優勢,很大機會跑贏同業。根據 2010-2022 年的往績,ASML 的股價的年複合增長為 24%,大幅度跑贏費城半導體行業指數的 18%。

成熟製程到先進製程，半導體技術不斷推陳出新的背後，成熟製程漸漸成為較為普遍的技術，多公司能夠參與，競爭大而毛利率低；有能力的公司會爭相去採用先進製程，投資光刻機設備的成本高，操作的技術要求高，毛利率高，最早掌握到最高技術，就有能力得到最多訂單，收到最多盈利可以投資發展下一世代先進製程技術，成為良性循環。技術稍為遜息的公司會跌入惡性循環。這解釋了 ASML 的最先進光刻機被追捧和半導體技術發展的關係。

思考——可預見的持續需求

- ASML 擁有 EUV 光刻機的技術，有極高的壟斷性而接近獨市，售價貴，毛利率高。2023 年的毛利率是 51.29%。

- 最新一代的 High-NA EUV 光刻機，售價更昂貴，將會成為未來增長重點。

- 科技趨勢，尤其是 AI 發展趨勢，加上供應鏈和地緣政治的風險考慮，相信光刻機保持持續高需求。

2.8
雲端服務先驅——Amazon

亞馬遜Amazon (AMZN)的網購業務發展了多年，漸趨成熟，增長不
及過去10-20年，營收數字高，但毛利率低，需要大量投資在履行中心
(Fulfillment Center) 及物流等基建設施。未來更大的增長亮點來自雲
端服務，毛利率較高，而且訂閱模式加大營收的確定性。

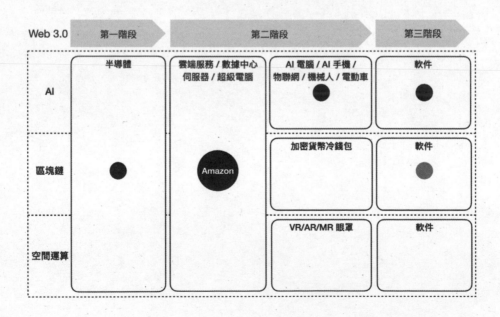

AWS(Amazon Web Services)雲端服務

亞馬遜是雲端服務的先驅者，在2006年推出AWS(Amazon Web Services)，成功創造新的市場。隨後其他科技巨企加入競爭，谷歌在2008年推出GCP(Google Cloud Platform)，微軟在2010年推出Azure。

根據2022年第四季的環球市佔率數字，AWS是首位佔33%，Azure佔23%，GCP佔11%，三大龍頭加起約佔67%。整體市場在增長，但AWS的增長不及Azure，AWS市佔率慢慢下跌。

AWS擁有的最高市佔率，代表背後的龐大客戶群：

• AI科技大幅度增加了算力和數據儲存空間需求。

• AWS 推出用於構建生成式 AI 應用程式的新服務 Bedrock，可以使用的大型AI深度學習模型，包括AWS開發的基礎模型，還有其他初創公司提供的模型，例如：AI21、Anthropic 和Stability AI等，涵蓋範圍包括：生成文本、圖像、音頻和合成數據。這項服務的好處是讓客戶可以有更多選擇使用不同的 AI模型，不獨是AWS自身的模型，彈性更大。未來可以加入更多其他公司的模型。

• AWS的Lex是AI聊天機械人，支援語音及文字互動，雲端服務客戶可以把此功能加入到自己的系統中。

區塊鏈解決方案

根據2022年的資料，Ethereum有35%的節點在AWS之上運行，雖然這和區塊鏈的去中心化理念背道而馳，帶來了集中性的風險，如果

AWS發生故障，或者受到駭客攻擊，有機會影響 Ethereum 運作的穩定性。

不過站在亞馬遜的投資者角度，代表AWS的服務受到世界外地的 Ethereum 區塊鏈營運者的依賴，亦是對AWS穩定性及安全性的肯定，Ethereum 的運作為AWS帶來收入。

同時AWS提供專用工具來支援客戶開發區塊鏈應用，有多個來自合作夥伴的經過驗證的區塊鏈解決方案，支援主要區塊鏈協議，包括：Ethereum、Hyperledger、Corda等。

網購業務 AI 自動化

亞馬遜的履行中心基建設施每天需要處理大量貨物訂單，是應用 AI人工智慧的場地。亞馬遜利用AI深度學習去發展機械人技術已經一段時間。

- 在2022年，工作環境中採用機械人的數量達到520,000台，與2021年相比增長了48%。

- 機械人技術的發展不斷增加處理貨物的效率，降低成本。在 2015機械人每小時可以揀選和包裝30件物品，在2023年可以處理1,000件物品。

半導體技術

亞馬遜的網購業務和雲端服務需要巨大算力，數年前已經開始研發自家

設計的晶片。對比直接使用市場上現有的晶片，因於是度身訂造的晶片設計，可以和軟件方面更多的融合，做好到更高的效率，可望提高 AWS 的毛利率。

晶片	推出年份	細節
Graviton	2018	一般工作
Inferentia	2019	AI 推理
Trainium	2020	AI 訓練

Alexa 虛擬助理

Alexa 虛擬助理在 2014 年推出，利用語音方法和客戶互動，功能包括：進行網購、控制電器、播放音樂等。CES(Consumer Electronics Show)2024 的展覽中，展示加入最新生成式 AI 功能：

• 客戶與 AI 角色進行開放式對話和協作的科幻夢想，體驗允許客戶與四個類別(一般助理、技能助理、歷史圖示、娛樂)中任何預先定義的 28 個角色進行對話互動，例如：計劃行程、寫作小說、哲學討論、文字冒險遊戲、寫電郵、編寫程式等。

• 客戶透過與 Alexa 對話，得到更新的音樂體驗，包括：生成歌詞、選擇人聲、音樂風格、製作原創音樂等。

• Volley 是 Alexa Fund 投資的公司，由人工智慧驅動的「20 個問題」遊戲(20 Questions，透過逐一發問 20 條是非題，目的是猜想對方心目中想像的一個答案)，使用生成式 AI 透過問題和引人入勝的對話與客戶互動。

思考——AI帶動雲端服務

- AWS雲端服務是環球市佔率的最高者，科技趨勢中尤其是AI 人工智慧的發展，相信將帶動雲端服務需求的持續性增長。

- AWS的Bedrock作為AI開發平台，提供自家AI模型及其他初創公司提供的AI模型，讓客戶可以有更多選擇。

- 網購業務透過AI自動化，包括大量使用機械人等，可以幫助增加效率，降低成本。

2.9
網絡效應帶來價值 —— Ethereum

Bitcoin 的「coin」字，比特幣的「幣」字，令到很多評論先入為主，單純用貨幣作比較，Bitcoin 是否會取代美元，可不可以用作日常消費等。忽略了最大的重點，背後的區塊鏈是一個系統，投資加密貨幣更加似投資科技初創。

以太幣的正確英文名稱是 Ether；以太坊的英文名稱是 Ethereum，指的是背後的區塊鏈平台。很多人簡單稱呼 Ethereum 去代表了以太幣和區塊鏈平台。為方便起見，本書中統一用 Ethereum 作為以太幣及區塊鏈平台的名稱。

如果投資加密貨幣而不去理解背後的科技元素，只著眼於好像滙率般的幣價升跌，只是作為短炒的工具。背後真正推動區塊鏈價值的是系統的設計、功能、升級、是否達到許多應用等。因為區塊鏈平台不是一間上市公司如股票，不可以用收入 / 盈利 / 現金流可以分析，這令到傳統投資概念的投資者感到不安，加密貨幣並不適合所有投資者，包含特別高風險，我會透過控制注碼去控制風險。

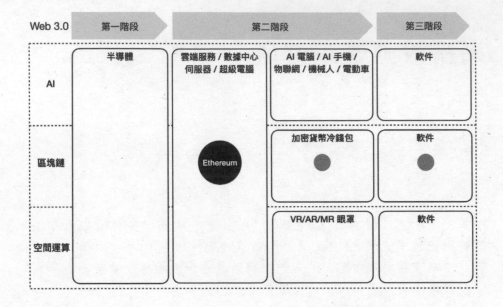

開發及應用人數體現價值

Bitcoin 比特幣可以處理發送和接收加密貨幣的交易,是開放式和分散式儲存的帳本,功能設計比喻好像一部處理加減數的計數機。Ethereum 以太幣可以處理交易之外,區塊鏈可以作為平台去開發及執行分散式應用程式(DApp,Distributed Application),這是視乎開發者開發出來的應用程式做什麼功能,可以千變萬化,這種功能設計比喻好像一部智能手機。

現在有很多區塊鏈有執行DApp的功能,Ethereum的特別優點:

• 最早發展有DApp功能的區塊鏈,有先行者的優勢,擁有最高市佔率。

- 提供了一個開發平台，可以減少程式開發時間並有助於快速啟動項目。自推出以來，開發者社群已經顯著成長。

- 在Ethereum區塊鏈上可以發行ERC-20標準的代幣，令到 DApp 有充分貨幣化的能力，會鼓勵更多人參與以太坊生態系統。

- 有龐大來自其全球的開發者社群，放大網路效應，他們致力於維護網路並積極開發區塊鏈。

- 自從2015年Ethereum推出以來，從未有系統死機出現，證明了Ethereum的安全性(Security)和穩定性(Stability)。其他競爭者可能在交易速度(TPS，Transaction per Second)和交易費用比較Ethereum優勝，但是做不到Ethereum的安全性和穩定性。

網路效應(Network Effect)

網路效應是一種現象，即人數或參與者數量的增加，提高了商品或服務的價值。互聯網就是網路效應的一個例子。最初，互聯網上的用戶很少，因為它對軍事和科學研究以外的人來說沒有什麼價值。隨著越來越多人使用互聯網，他們產生了更多的內容、資訊和服務。網站的發展和完善吸引了更多的用戶相互聯繫和開展業務。隨著網路流量的增加，它提供了更多的價值，從而產生了網路效應。

網路效應最初由以色列經濟學家奧茲·夏伊(Oz Shy)在《網路產業經濟學》(The Economics of Network Industries)中提出，他認為在具有網路效應的產業中，「先下手為強」(first-mover advantage) 和「贏家通吃」(winner takes all)是市場競爭的重要特徵。

不少評論以黃金的開採和美元的發行去否定加密貨幣的價值。但網路效應提供了另一角度，價值的源頭來自於應用者的數目，此為重要誘因去衍生出應用及體現其應用價值。

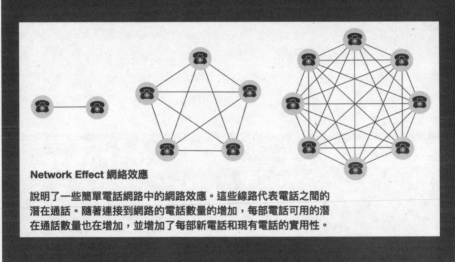

Network Effect 網絡效應
說明了一些簡單電話網路中的網路效應。這些線路代表電話之間的潛在通話。隨著連接到網路的電話數量的增加，每部電話可用的潛在通話數量也在增加，並增加了每部新電話和現有電話的實用性。

Ethereum目前在開發者總數中處於領先地位，根據Chaindebrief在2023年3月報導，達到5,758名。這是第二名Solana的2.8倍。

Ethereum與區塊鏈的發展

Ethereum區塊鏈平台不斷有更新，2024年3月完成了Dencun Upgrade升級，允許區塊鏈網路更有效地作為Layer 2區塊鏈的資料儲存，它將使得Layer 2區塊鏈上的交易費用更加便宜，有助刺激更多主流的應用。

智能合約(Smart Contract)是區塊鏈的基礎技術，也是 Ethereum 的關鍵要素。智能合約是執行一組指令的自動執行程式碼，在區塊鏈上進行驗證。商業和金融世界中很多行為或者交易是一種合約，如果乎合預先制定下的條件，就會得到預定的結果。所以區塊鏈提供了一個可信賴的系統，再加上適當的科技應用，例如AI去識別文件，可以令到交易更加自動化，減少中間的機構或者中間人的參與。

區塊鏈中的現實世界資產(RWA，Real World Asset)是代表實體和傳統金融資產的數位代幣，例如：貨幣、商品、股票、債券等，這是前面發展的一大挑戰。如果可以做到，區塊鏈中的加密貨幣和代幣的交易被承認為實體資產的交易，資產的擁有權透過區塊鏈可以驗證。而且經代幣化後的資產允許部分擁有權，這意味著投資者可以買賣較小部分的資產，並有可能增加整體流動性。這需要配合法規、監管等的改變，到時亦是區塊鏈技術真正落地之時。直到目前為止，區塊鏈和加密貨幣最為人詬病是在現實世界的應用不足。

另一方面，區塊鏈和加密貨幣亦逐漸融入投資市場，例如：

• 法國第三大銀行，法國興業銀行(Societe Generale)在 Ethereum 平台推出綠色債券。

• 挪威央行在Ethereum平台研發數位貨幣(CBDC，Central Bank Digital Currency)。

- 2024年1月，美國證券交易委員會SEC批准了11隻 Bitcoin現貨 ETF的申請，現在可以在美股市場交易。有關 Ethereum現貨ETF的 申請仍然在審批中，是否將會成功是未知之數。

投資市場是金融世界的一個縮影，行得特別快，自從2024年1月 Bitcoin現貨ETF在美股市場獲批後，不斷有機構投資者資金流入。相 信整體加密貨幣生態圈會漸漸進入主流的投資市場，很大機會下一隻是 Ethereum。

Ethereum 的相關投資

目前Ethereum 的相關投資，主要有以下幾類：

	投資方式	細節
1	芝加哥期權交易所 — Ethereum 期貨	背後是期貨合約，用作對沖，或者如對賭
2	美股 — Ethereum 期貨ETF	背後是Ethereum期貨(EFUT、AETH、EETH等)
3	港股 — Ethereum 期貨ETF	背後是Ethereum期貨(3068)
4	美股 — Ethereum Trust	背後持有Ethereum現貨，有鎖倉動作，通常和Ethereum之間存在溢價(ETHE)
5	美股— Ethereum 現貨ETF	背後持有Ethereum現貨，申請仍然在審批中

6	港股 — Ethereum 現貨ETF	背後持有Ethereum現貨，已獲SFC審批 (3009/3046/3179)
7	Ethereum 加密貨幣	1. 在加密貨幣交易所買入 Ethereum(ETH) 2. 如果是長期投資，比較安全是放入加密貨幣冷錢包

第1至4項都未能完全反映Ethereum價格的特性。在反映價格上，第5項和第6項會比第1至4項好，不過美股的Ethereum現貨ETF申請仍然在審批中，現時未可以在美股市場中交易(截至2024年4月)。

如果想做到真正的價格反映，最好的參與方法當然是第7項，直接投資Ethereum，同時可以更深入去了解加密貨幣。可以由很少的資金開始實踐，在交易所買入，然後放入加密貨幣冷錢包存放。尤其是處理加密貨幣冷錢包是有一點繁複，因為和大家熟悉的中心化銀行服務不同。只有真正去使用過冷錢包的整個流程，才能親身去體會去中心化的世界如何運作。只有更深入去了解去中心化的概念，才能夠了解自己投資了什麼，否則可能只是每天看著價格升跌，是一種望天打掛的投資或者投機行為。

思考——控制注碼投資科技初創

- 區塊鏈加上智能合約是未來Web 3.0的一項重要基礎技術，Ethereum是首個區塊鏈平台加入智能合約的功能。

- Ethereum有先行者優勢，得到最多開發者支持。根據《*Electric Capital Blockchain Developer Report 2023*》，71%的智能合約

程式碼都首先部署在Ethereum區塊鏈平台上。

- Ethereum是全球第二大市值的加密貨幣，達到約4,200億美元(2024年3月)，僅次於首位的Bitcoin。

Web 3.0和Ethereum的發展是否必定成功？不一定，亦有可能失敗。投資加密貨幣涉及高風險，我會透過控制注碼去控制風險，因人而異，一般的情況下建議把投資注碼控制在資金3%或者以下。

2.10
電動車、機械人與 AI 應用——
Tesla

特斯拉Tesla(TSLA)在電動車市場面對很大競爭，原先預計銷售目標年複合增長50%，面臨很大壓力。我的投資著眼點更多是在AI應用。

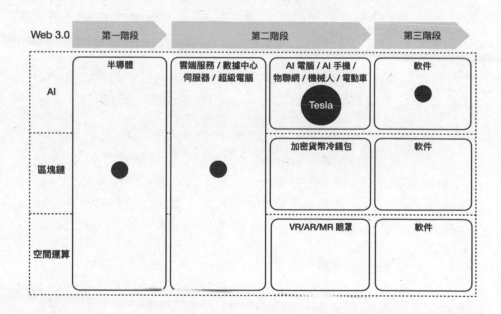

AI 自動駕駛

- 由於發展電動車比較其他有品牌早，已經有大量特斯拉電動車在道路上行走，收集的路面數據對於進行AI自動駕駛訓練有利。

- 自家設計的D1數據中心用晶片，D1晶片組合成為Dojo超級電腦，專門配合自己的自動駕駛AI訓練，目標是提升整體運算表現，包括晶片運算速度和晶片之間的數據轉輸速度。

- AI自動駕駛訓練純粹使用相機拍攝的影片影像，可降低成本，理論上去到未知的地方都可以即時用上。軟件的設計和 AI 訓練可以更加簡化而直接，只需要處理影片影像的一種問題。其他品牌的自動駕駛用上雷達(Radar)、激光雷達(Lidar)、超聲波傳感器(Ultrasonic Sensor)，硬件配置更昂貴，AI算法更複雜。不過擁有更全面的數據，可以應付可能出現的不同情況。

- 特斯拉電動車上使用的AI自動駕駛晶片是處理推理，特斯拉是使用自家設計晶片，過去晶片是由 Samsung 代工生產，未來可能2024年開始使用台積電的3nm先進製程代工生產。

過去特斯拉曾經使用輝達GPU/DGX超級電腦，聲稱使用自家設計Dojo對比過去使用輝達，成本較低，而且可以節省AI訓練時間，由一個月縮短至少於一個星期。不過2023年第二季的業積發佈會中，表示仍然有使用輝達的晶片。

特斯拉自行研發由半導體，到超級電腦硬件，到AI模型算法，到AI訓練數據，由於是度身訂造，可以做到整體整合去優化效果。這一種科技掌握能力不是其他電動車品牌可以比較，現時特斯拉的自動駕駛達到Level 2的水平。(最高為 Level 5)

Optimus 機械人

自動駕駛的電動車可以在道路上行駛，工廠中的機械臂可以自動生產，廣義上都是一種機械人，它們在功能上有很大的局限性，因為在設計時已經預設只可以進行一項特定的任務，更加像一台專用功能的機器。

特斯拉正在研發的 Optimus 機械人，是人形機器(Humanoid Robot)，擁有如人類的四肢，可以活動及進行不同的工作，目標是應用在家居或者工業環境中，加強自動化，通過和人類協作的方式，提高生產力。

Optimus機械人透過觀察週圍的世界，識別物體，並使用 AI 決定及進行任務。不會要求用戶為每項任務進行編程，它將四處走動，並根據語音命令或者視覺自主執行任務。特斯拉的 AI 願景是使 Optimus 能夠更自由地執行任務，這與其他只能執行其編程任務的機械人不同。

最近的發佈影片中，是最新的型號 Optimus Gen2，手指可以做出細緻動作去拿起及放下雞蛋，行走和深蹲的動作更加像人類。

特斯拉在自動駕駛的科技，包括AI人工智慧、晶片、超級電腦，是共通性技術，加上生產電動車的機械技術、電池技術、傳感器應用等，都有助發展機械人技術。

預計2025-2027 Optimus 年進入生產，目標是針對大眾的全新市場。

思考——人形機器普及的可能性

- 發展電動車比較其他有品牌早，已經有大量電動車在道路上行走去收集的路面數據，加上有自家設計數據中心晶片和車用晶片，更加掌握

建造自己超級電腦的科技能力，對發展AI自動駕駛有很大幫助。

• 正在研發的Optimus人形機器(Humanoid Robot)，目標是應用在家居或者工業環境中，有機會開展全新的市場。

特斯拉在自動駕駛和機械人的研發有一定的科技優勢，但是同時面對不少風險。我會透過控制投資注碼去控制風險。

2.11
專注晶片代工生產 —— TSMC

想了解台積電(TSMC，Taiwan Semiconductor Manufacturing Company Limited)的業務，先要了解半導體行業的生產模式。

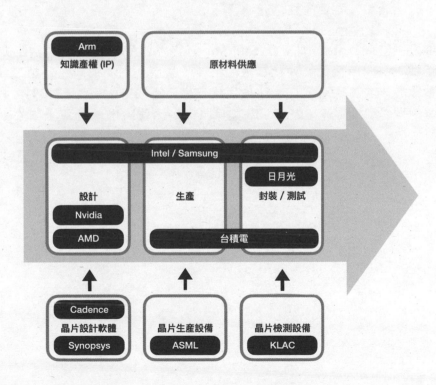

這是半導體產業鏈的概括簡介，圖中列出的是部份比較有代表性的公司，不是全部。

最初，傳統上一間公司同時負責晶片設計和晶片生產的IDM商業模式 (Integrated Device Management)，英特爾 (Intel) 是最成功的代表。數十年前台積電開創了晶片代工生產的半導體商業模式，令到晶片設計和晶片生產可以分家：

• 晶片設計和晶片生產各自走向更加專門化去專注發展，更有效率。

• 晶片設計公司使用晶片設計軟件，做出晶片設計。晶片設計公司是無晶圓廠形式，把完成了的設計交給代工生產公司。晶片代工生產公司營運晶圓廠，負責晶片生產過程。

• 今天英特爾 (Intel) 和三星 (Samsung) 仍然使用IDM的晶片設計加生產模式，同時接受晶片代工生產訂單，是混合兩種模式。台積電只專注做晶片代工生產，在環球晶片代工生產市場市佔率是57.9%，有絕對的壟斷性優勢 (2023年第三季資料)，比重高過所有競爭對手的總和。

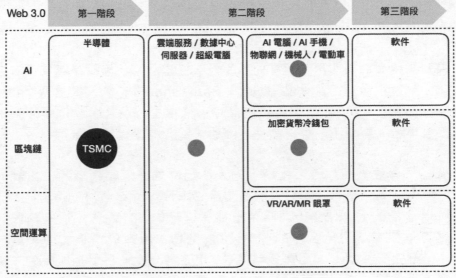

又深又濶的護城河

科技不斷進步，更多有實力科技公司原本只做軟件服務，會加入自家設計晶片，因為是度身訂造設計的晶片，不是從市場購買的通用設計晶片，晶片硬件和軟件可以做到更佳整合，以達到更高的效能和提升用戶體驗。蘋果(Apple)是最佳例子，還有很多，包括：亞馬遜(Amazon)、谷歌(Google)、特斯拉(Tesla)等。這些有實力科技公司都成為代工生產客戶，當中有一大批代工生產訂單到了台積電的手上。因為晶片生產需要極高資產投入，而且一間軟件服務公司要擴展去管理晶片生產涉及的各種技術，是不划算或者近乎不可能。台積電去集中和專注處理晶片生產，是更加有效，能夠達至規模經濟(Economy of Scale)，不斷累積經驗，成為又深又濶的護城河。

- 蘋果的 iPhone 的智能手機和 Mac 電腦是使用自家設計晶片

- 輝達 (Nvidia) 設計的 AI 數據中心晶片

蘋果和輝達會偏向使用台積電的晶片代工生產服務,而不是英特爾和三星。因為後二者同時是做晶片設計,Samsung 設計個人電腦晶片和智能手機晶片,Intel 設計個人電腦晶片和數據中心晶片,它們是客戶的直接競爭者。客戶不願意把晶片設計的機密資料曝露給競爭對手。

台積電只專注做晶片代工生產,先天性定位是從來不與做晶片設計的客戶競爭,是自稱為「每個人的晶圓廠」(Everyone's Foundry),成為可以信任的合作伙伴。同時台積電有自己的設計團隊,擁有的設計 IP 是可以免費提供給合作的客戶使用 (例如:超微的多核心中央處理器 -Multi-Core CPU,高速資料傳送的設計),著眼點不是即時的短期利潤,而是建立更加長期和更深的合作夥伴關係,達到共贏。

主要競爭對手比較

台積電不斷推進先進製程的運用在晶片代工生產,大概以無隔 2-3 年的速度升級一個世代。

目前台積電在先進製程上仍然佔優,三星是現時比較強的對手。未來要觀察三間公司在 2nm 先進製程的生產進展。

先進製程演進		台積電	三星	英特爾
2017		10nm	10nm	
2018		7nm		
2019			7nm	
			6nm	
2020		5nm	5nm	
2021				
2022		3nm	3nm	
2023				7nm
2024	預估			
2025	預估	2nm	2nm	2nm

- 台積電除了在推進先進製程的速度穩定之外，亦做到比較對手有更高的良率。

- 三星推進先進製程的速度和台積電相約，但是良率欠佳，甚至生產出的晶片製成品有出現過熱的問題。

- 英特爾推進先進製程的多番延遲，近年開始使用競爭對手台積電的代工生產服務，不免令人懷疑其生產技術。

除了先進製程，台積電亦掌握 CoWoS 先進封裝技術，兩項都是 AI晶片不可缺少的技術。先進製程是推進更密集的奈米技術，CoWoS(Chip-on-Wafer-on-Substrate)是將晶片堆疊，減少需要的空間，減少耗電和成本。

半導體在電子器材的應用是無孔不入，過去十多年是流動互聯網的天下，智能手機用晶片成為台積電業績報告中的最大營收組成部份。2022年開始，另一項營收高效能運算(HPC，High Performance Computing) 的比重已經蓋過智能手機，相信成為未來發展的增長引擎，背後推動的就是AI人工智能。

HPC代表數據中心的高階晶片，就是最新的先進製程的戰場。

思考——高階晶片需求不斷上升

• 台積電在環球晶片代工生產市場市佔率有絕對的壟斷性地位，只做代工生產業務，得到眾多客戶信賴。

• HPC高效能運算是未來的業務增長亮點。

• 擁有晶片先進製程的科技優勢，AI和空間運算加大高階晶片需求。

2.12
審視我的投資邏輯

我在2016年建立自己的投資組合，在此之前有大約9年時間，是以衝動的典型散戶投資方法，聽消息，人云亦云，兜兜轉轉又回到原點。後來發現，原來「長線投資」中的基本分析，就和我日常做的工作無異，是利用理性邏輯去分析科技行業趨勢，和科技產品發展，這是組成長線投資判斷的基礎。

我在退休前的十年多時間是金融機構的IT部門做架構師(Architect)的工作，負責建造系統的各種設計和決定，包括：提供什麼功能(外型)、使用什麼軟件及硬件(建築物料)、開發方式(建築方法)、如何整合系統(內部結構)等。我要去了解科技市場趨勢及研究市場中科技產品，然後選擇科技產品，做出系統解決方案建議書，目的是希望管理層去批核使用我的設計。這工作令我習慣了批判性思維的思考方式，分析科技產品時要考慮未來科技趨勢的走向，包括未來五年的科技策略(5 Year Technology Strategy)等，都是一個長期投資的發展考慮，不能夠短視。

於是我由2016至本章開首分享的2023年結投資組合，中間這8年時間，經歷過投資風格和投資方向改變，由港股到美股，由傳統收息股到科技股，有成功又有失敗的經驗。不斷反省，漸漸發覺還是投資科技

股，自己比較有信心而又有好績效，經過自己研究並了解的公司，投資是有一份安心，找到了屬於自己的投資風格。

你的工作背景、生活習慣、個人興趣，都和我不一樣，所以能力圈都可能不同，適合你的投資風格，亦可能與我不一樣。最重要是透過投資中去實踐，去審視而總結自己的經驗，了解自己，希望我的經驗與組合可以作為大家的參考，讓你在投資路上兜轉的時候，有一套思考步驟可以依循。

投資邏輯(1)——有盈利的商業模式

在章節2.2中與大家分享過，我的投資組合中的配置思路，例如應該包含多少股票，如何分配比重等，之後在章節2.3開始分享了每隻股票的選股思路，現在再以整個組合為整體，總結一下我對於科技的分析和觀察，更可以說是退一步，「觀察自己的觀察」。

首先，雖然我的能力圈及興趣是科技股，但科技股中亦可以分為不同版塊，應該如何著手選股？我會先將科技產品，粗略分為「硬件」和「軟件」兩大類。硬件受著生產過程中的物理限制，需要由原材料及零件，一步一步生產出製成品，生產和擴充產能需時，這是影響業務成長的重要因素。加上需要機器的重資產投入，毛利率受到限制。軟件是相對上輕資產，開發出來的程式和數據，基本上是可以無限複製作為生產的手段，容易達到較高的毛利率。如果單純是硬件相關的生產，這項投資對於我的吸引力只是一般。不過凡事都有例外。

半導體相關是著名的重資產行業，台積電在2023年資本支出320億美元，對於不少公司這是天文數字。不過這樣高資本支出又形成入場門檻，只有少數公司如台積電，有一大批代工生產訂單，才可以支持

資本資出。近十年的發展，最新的先進製程更加精英化，越來越少公司有能力參與，台積電可以掌握的技術更難取代，2023年的毛利率是54.4%。所以我的第一個投資或選股邏輯，是公司需要有可盈利的商業模式。

另一個例子是蘋果，如果純粹造硬件，不容易有高毛利率。靠的是眾多裝置形成的蘋果生態圈，硬件加上軟件的唯一整合(不同 Windows個人電腦或者Android手機，可以由不同的品牌生產硬件)，特別著重設計及用家體驗，才可以建立用家的極高忠誠度，產品定價貴，還有近年建立訂閱式服務，都有助增加營收的能見度和推高毛利率。硬件相關生產加上獨特的商業模式，成為成功之道。

投資邏輯(2)──成功的軟件開發平台

蘋果的iOS和微軟的Windows是作業系統，提供一個軟件開發平台，方便開發者去開發出大量軟件，吸引大量用家使用，軟件為用家帶來價值，創造出的盈利吸引更多開發者參與在平台上的開發工作，這是平台、開發者、和用家的三方共贏，是一個良性循環。平台的成功是建基在先令到別人成功，就是開發者。亞馬遜的AWS和微軟的Azure作為雲端運算平台，情況都是相似。以上種種嘗試從一個更加全面的角度去解釋我背後的投資邏輯。

我在香港大學畢業之後，第一份工作是程序員(Programmer)，負責開發軟件。若干年後我作為應用系統經理(Application Manager)，是管理團隊的軟件開發工作。到成為架構師(Architect)，需要管理軟件的應用和開發。自己一直關心對軟件開發的認識和觸覺，上面提及到的投資邏輯，很多著眼點都是軟件開發者的參與度，平台是否可以吸引開發者參與，這種視野比較產品和服務更加有前瞻性，開發者是因，產品和服務帶來的應用是果。

輝達的CUDA和Ethereum可以分別視為AI解決方案平台和區塊鏈開發平台，都是Web 3.0的科技技術基礎。它們的發展是否一定成功？是未知之數，需要審慎觀察，目前我的開發者觸覺是見到這種方向，這是我的投資邏輯。

投資邏輯(3)──不可或缺的底層技術

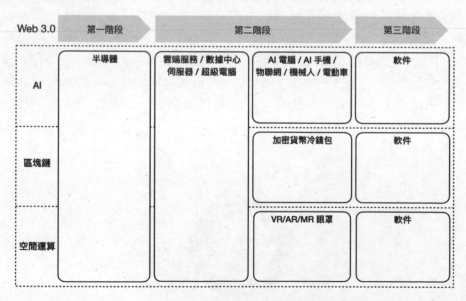

半導體和雲端服務在過去一段時間都是我的投資組合的重心，兩者都是作為科技底層技術，對於AI、區塊鏈、空間運算的發展是不可或缺，行業中的競爭格局和我在5-6年前的分析沒有大改變，有一定的確定性。其他層面有來自不同行業的不同競爭者，在競爭的過程中面對如何激烈的競爭和高風險，無論是誰可以勝出，首先都是要使用底層技術，半導體和雲端服務可以坐享漁人之利。不同行業的競爭者是多數，半導體和雲端服務的龍頭是少數，是少數的去瓜分多數的市場。

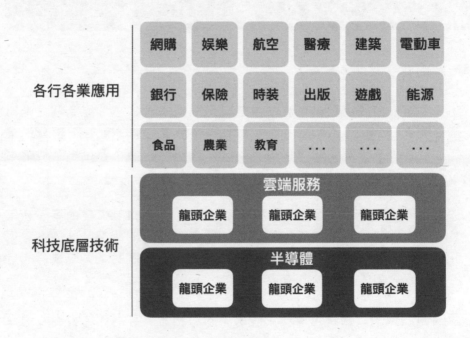

淘金熱的故事

從前有一個地方有淘金熱，吸引很多人從世界各地來到這裡掘金，結果有人什麼都沒有掘到，有人掘到的是石頭和垃圾，有人甚至客死異鄉，最終有沒有人可以真正掘到黃金？是有的，不過只是少數的人。最後賣鐵鏟的商人賺到了十分可觀的利潤。

同時特別要注意以下風險：

• 美國接連推出晶片及半導體技術出口到中國的限制，可能令部分半導體企業失去20-25%的生意額。我會先作最壞打算，假設這部分的業務會永久失去，令到企業價值下調，然後企業的增長就視乎其他國家的需求，這可以避免不斷被媒體中的新聞牽著走。

• 前面的章節提及，半導體和雲端服務分別是Web 3.0變現的第一和第二階段，第三階段的軟件和服務是一個重要考驗，是否可以最終實現可持續盈利仍然是未知之數。不過這不是意外，這就是底層技術的特色，投資之前需要加入此考慮。

面對一個熱潮，每個人可能從中看出不同的機遇，可能你亦會從我的投資邏輯中，找到適用於你的部份，又或者在我分享的選股或板塊中，看到不同的可能性，找到你的投資方向。

思考——投資自己心目中的答案

在我的投資組合中，現時最高回報是來自輝達，自2017年買入。當中一部份的回報，可能是來自2023年初ChatGPT的熱潮。

當時我的投資邏輯，是看了幾十小時的資料之後，見到它的的 CUDA 軟件平台已經建立，具有先行者的優勢。我亦去研究過超微 (AMD)/ 英特爾 (Intel)，認為他們都未能追上輝達，輝達的定位是可以令自身在眾多晶片公司中造成差異化。我相信 AI 將會是很大潛力的市場，相信輝達有自己的科技優勢，如果需求存在，公司就可以有機會有高速的發展。

幾年之間不斷檢示，輝達的AI發展是一個長時間過程，在ChatGPT未出現之前，也不能否認輝達過去幾年在AI晶片的優勢而業務得到快速增長，否則這種快速增長應該在其他品牌見到，這是企業客戶用實際金錢投入的銷售。

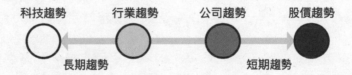

尋根究底，科技趨勢的出現代表了需求，優質公司有能力抓緊行業趨勢的發展機會去推出產品。財務數字反映的是營運的過程和結果，引證公司發展趨勢。科技趨勢和公司優勢是因，財務數字是果。

我白認不是精於財務會計知識，仍然在學習。我花更多的精神在研究科技方面，相信這個是推動行業和企業發展的重要因素，是從科技的角度看投資。

我不是否定財務數字的考慮，這是涉及到個人的投資取向，個人選擇不是對與錯之分，應該尊重。數字上要求的是確定性，是無可厚非。看科技不看數字，或是看數字不看科技，都有其局限性而不全面。除了科技角度考慮之外，建議大家去研究業績報告和估值，都是同樣重要，為自己做出合適的投資決定。

但科技的價值不如傳統的有形資產，例如：地皮、物業等，一部伺服器的價值不是其硬件，而是內裡的數據和執行軟件的結果。

CUDA的開發，可以追溯到2007年的初始發佈 (Initial Release)，由處理圖像到處理AI運算，輝達投資了10多年的人力物力，CEO Jensen表示過公司的軟件工程師數目比較硬件工程師還要多，它不是一間晶片設計公司嗎？如果單從財務數字，CUDA項目本身不會賺大錢，可能一早已經被剎停。做晶片設計就是晶片設計，幹什麼要大力發展軟體，如何引證其盈利？

投資的判斷是關於預期，如果已經是一清二楚的數字擺在眼前，很大程度可能已經大部份反映 (price-in) 或者甚至是超前完全反映。

科技發展有更多是關於未來，未發生的事有不確定性，即是風險角度的考慮。2017年我買入輝達時，是否能預見ChatGPT會於2023年出現？沒有人可以很準確地知道，但我當時看到的只是大概的科技發展趨勢。

正因為投資沒有必然的答案，只能透過控制注碼去控制風險，增進相關知識，令自己對心目中的答案更有信心。如果大家有興趣了解更多有關AI、半導體、區塊鏈/加密貨幣、雲端運算等科技內容，可以參考我的上兩本書《科技戰國》和《AI投資時代》。

P和幾個朋友上了小船，計劃出海觀鯨。小船駛出城市的港口，風和日麗，兩岸小鎮上有小屋和人，充滿活力，看著美好風景，好像感覺時間停頓。

當小船駛出大海，突然刮起大風下著大雨，小船隨著大浪起趺。暴風雨之下，鯨魚未有出現，小船的週圍卻出現了幾條鯊魚。P的心中生出一種恐懼，是人面對生死的恐懼。

3.1
對長線投資的信心

在上一章和大家分享過我的投資組合，當中亦明顯見到，長線投資能帶來較好的複利回報。但在經歷過2022年這慘痛的一年後，很多投資者紛紛說著「科技股已死」，但凡跌市，就有人質疑「長線投資」以至「價值投資」的成效。

巴菲特的一言一語，如同長線投資者的金科玉律，但都是那一句，知易行難，不需要不停頻密地買賣交易，減少操作就是操作，相信回報是透過時間加上企業成長，多於頻密交易因買賣差價而獲利……需要的是持續性，持之以恒。

有些人會說，自己不是股神，沒有「內部消息」，所以才會輸錢；其實當遇上熊市，巴郡的股票都有不輕跌幅，但從巴菲特的長年累月往跡，你會見到長線投資的可行性。但更多人卻可能因為一兩年的投資效果欠佳，就推翻了長線投資的計劃，可見持之以恒有多難，其實投資從來都不容易，以為投資很容易的想法是不正常，是不切實際。

又有些人會把巴菲特長線投資的成功，簡單歸納為「本多終勝」，潛台詞是自己沒有股神的資金規模，自然回報差。我不認同「本多終勝」的理論，巴菲特的回報是以％計算，即使我們的本金規模小，同樣可以用長期回報％去比較。投資是用閒錢，巴菲特的資金多是事實，但是

閒錢是相對的，只要我們的閒錢足夠買一手港股/一股美股或者更多，除非連這個交易金額都不足，否則一樣可以用回報 % 去比較。所以說來說去，以上都只是自己沒有恒心，或者技不如人而去找尋的藉口。

投資路上很許多困難，第一個要克服的難處，我認為就是堅持、持續投資。

真正「清楚明白」你的投資

為何這麼多人無法堅持自己的投資，尤其是在跌市的時候？因為他們對自己的投資沒有信心，根本不明白自己投資了什麼，不明白自己的投資行為，自然捱不過股市下跌。

「明白」自己的投資，不等同「抄 Number」，你是否從打心底而來的相信自己所投資的企業？這是一個十分真實的信心問題，可以問問自己。既然對自己的投資行為和投資項目都沒有信心，在大部份的情況下已經註定了失敗結果。同意嗎？在市場陽光普照的時候，你可能可以興高采烈地持有，但萬一暴風雨來臨，如果沒有信心，如何可以穩定地長時間持有？

長線投資的過程中需要定期檢討，但是重點仍然是在於時間，即使在開始的時候，你真的明白和相信自己的投資決定，在長期的時間線運行之下，隨著市況和環境轉變，你對長線投資的信心就可能有變，懷疑自己定下的投資計劃和方法，遇上股市下跌，就覺得不如取回現金，做定期存款更好……面對暴風雨，保命最重要，誰人還去想長線投資，財務自由的計劃？等待跌市過去，升市來到才買股票吧……

這又回到了剛才的問題，你真的明白自己的投資嗎？理性上的「清楚明

白」，是要行動證明，是長時間的執行，有持續性，需要信心，相信自己，尤其在逆境之時，一點都不容易。有時候這不單單是一個理性和數字分析的問題，而是涉及自己的深層次思想的問題。

「清楚明白」

「清楚明白」是香港電影《奪命金》中的一句經典對白。

已故演員蘇杏璇飾演的無知婦人娟姐，持有資金100萬港元，原本想做定期存款收息。銀行職員為了追業績，游説娟姐購買高風險投資產品。由於投資產品超出她的風險承受能力，銀行職員引導娟姐聽完一段投資守則，並説出「清楚明白」，證明自己是願意承受此風險。

結果娟姐投資了高風險投資產品，最終投資的資金全部虧損，血本無歸。

找到你信心的根源

在投資世界，信心需要建基於理性和數字，不過數字同時關連到你投資的金錢、多少個月的薪金、大半生的儲蓄、退休計劃中的幾十年支出等等，情況就變得複雜，這就不是純粹一個理性和數字的問題，中間會滲入情緒。投資市場之所以下跌，就是同一時間經濟數據轉差，行業下行，公司業績數字倒退，甚至有金融機構倒閉，這些都是很真實，是十

足的證據，感覺好像世界末日。你的信心是否動搖？你要弄清楚，你的信心從何而來？

這就關係到你的投資和選股邏輯，當初你是否真的認真研究過企業，明白自己的投資行為？信心可以幫助渡過暴風雨，不是見到希望才堅持，是堅持才見到希望。

3.2
短炒與衍生工具如對賭

有部份投資者可能會説，不一定要長線投資才能賺錢，短炒也可以，尤其是在跌市時，如果參與衍生工具(買跌)，便能逆市賺錢。

討論這個問題，不如先問大家：「投資為什麼能贏錢？」

或者應該更準確地問：「贏錢，錢從何來？」

長線投資未必是「零和遊戲」

有一種常見説法，指投資是「零和遊戲」，我贏就你輸，你贏就我輸，這個説法基本上和賭博相同。如果套用在投資上，則可以分為兩個層面去理解：

• 如果是短炒正股，短時間之內公司的基本因素不會有大改變，理論上亦不應造成價值上的大改變，即不應加入額外的價值，的確像零和遊戲。如果你贏，是你贏了對手的錢。如果你輸，是對手贏了你的錢。

• 如果是長線投資正股，長期持有的過程是可以涉及額外的價值增加，

透過公司營運得到收入／盈利／現金流，無論有沒有派息，企業賺到的錢是來自客戶的錢，因著購買產品和服務。這個額外的價值增加，令到長線投資有可能是「正和遊戲」，有可能大家一同贏錢（當然長線投資都可能犯錯，例如：公司基本因素惡化，甚至清盤等，有可能一同輸錢，就是負和遊戲）。

從這個角度，大家可以明顯看到，長線投資和短炒／賭博的本質並不相同。至於衍生工具，和短炒正股相似，整個過程本身不會帶來額外價值，是零和遊戲。

- 假如手上持有正股，透過衍生工具（買跌）去對沖正股下跌的風險，是控制風險。這個做法如買保險，買保險要交保費，保費成本是預計之內。

- 相反，如果手上不是持有正股，純粹參與衍生工具，理論上是冒一個更大的風險，有機會蒙受全盤損失。

期權與「被動收入」的風險

最近一兩年，見到有越來越多網友參與期權。不知道現象背後，是否因為投資正股表現未如理想（港股經歷了幾年跌市，導致投資者偏向短線炒賣？），轉而參與期權。不時可以見到一些廣告或文章，標榜「期權，穩賺現金流」、「期權，製造被動收入」、「適當利用期權，股市升跌時都可以賺錢」等。

有時見到網友熱烈的討論，自己實在不想潑冷水掃興，但以上看法我認為值得商榷。例如收租和收股息，通常用作被動收入的例子，很容易明白，即使是投資沒有派息的股票，我都會視公司本身的營運背後是在製

造現金流，只是沒有作為股息派出來。但期權或者其他衍生工具，我認為用「對賭」形容，是比「被動收入」更加貼切。

期權		細節
Call	Long Call	• 看升 • 付出期權金 • 最終可以選擇是否執行，有權在較低股價買入股票
	Short Call	• 看跌 • 收到期權金 • 沒有選擇權，需要在在特定的股價賣出股票(即使股價上升)
Put	Long Put	• 看跌 • 付出期權金 • 最終可以選擇是否執行，有權在較高股價賣出股票
	Short Put	• 看升 • 收到期權金 • 沒有選擇權，需要在在特定的股價買入股票(即使股價下跌)

大家有沒有想過，「對家」和你素未謀面，為何要做Long給你期權金，成為你的「被動收入」？其中一個原因是風險的不對稱，做Long者可以選擇在自己有利的情況下執行期權，在情況不利的情況之下，就只會損失了期權金；當「對家」在你意料之外時行使期權，誰人為此風險「埋單」？

沒有「穩賺」的衍生工具

另外，如果投資正股表現不理想，反而參與期權等衍生工具，一定可以有更好回報嗎？

無論投資還是投機，都沒有保證能贏錢，凡是看法都有機會錯。

但兩者之間的分別是，長線投資正股的關注重點是公司成長，長遠帶動股價走勢，即使看對走勢，也可能看錯時間；長線是正確，短線是錯誤；如果捱過下跌，是需要時間收復，還有機會翻身。

相反衍生工具通常有期限，到期可能成為廢紙，可以看對走勢，看錯時間，甚至即時死亡，造成虧損。要同時兼顧走勢和時間，理論上要求更多技巧，是否反而比投資正股容易？加上衍生工具涉及槓桿，風險是更大。

但正如我前文提到，如果利用衍生工具對沖正股下跌的風險，做法是可行，其目的是為了減少損失，而不是為了賺錢。純粹參與衍生工具則是為了賺錢，那是增加風險而不是減少風險。

「穩賺」、「現金流」、「被動收入」等字眼是有一定程度的吸引力。不過如果容易賺，人人都賺，所有人都賺，誰人輸？錢從何來？基於零和遊戲的特性，「穩賺」在數學邏輯上是不成立 (一方面增加風險，一方面「穩賺」，合理嗎？)。如果做到贏錢，是技術？還是運氣？又是否有能力做到可持續性？

衍生工具發行商和舉辦課程的人，相信是才做到「穩賺」的人。

我不是完全否定衍生工具，而是強調參與之前要清楚了解工具本身，假如輕易就相信「穩賺」，這是一個十分危險的想法。

3.3
預測股價走勢的盲點

上一章節提到，長線投資時，你可能看對走勢，看錯時間；即是分析企業，希望預視其未來的成長，但卻不一定能正確預見股價升跌，在即將「爆升」的前一刻才買入。正因為我們沒有「時光機」來預測股價升跌，所以我認為預測股價走勢，從來都是困難，如果自認沒有這種能力，用心選擇好公司，乖乖地耐心持有是比較容易處理。

「事後解釋」總會成立

為何預測走勢很難？因為有些時候，大市的表現只能用「事後解釋」。舉個例子，美股/科技大股/半導體股，2023年走勢凌厲，費城半導體指數走勢(追縱指數 ETF 例如：SOXX、SMH)比 NASDAQ 更強，有人簡單以 AI 熱潮歸納為原因，但其實只是解釋了一半。

若再細心點看事情始末，在 2022 年中，大行紛紛指出半導體行業面對產能過剩，造成去庫存問題，因為疫情引起的晶片荒風光不再，可以說是在 2022 年美股跌市中多插一刀。到了 2023 年尾，掙扎了大約一年半，面對去庫存問題大部份見到改善，漸露曙光。不過當時不少半導體股，以至費城半導體指數，大概在 2022 年 10 月中見底回升，正是行業

處於水深火熱之時，可能很多人都錯過了買入機會，這次反彈遠遠早過 2023 年初 ChatGPT/AI 熱潮興起。即使沒有 AI 主題出現，2022 年第三季度很大機會，已經是板塊股票的週期底部，然後反彈，只是 2023 年 AI 加大了上升的速度和幅度。

如果純粹用 AI 作為所有事情的解釋，那為何大行會估計錯誤？投資市場為何相反而行？似乎有點不準確，不盡不實。投資市場和數據是息息相關，但又不是一對一的完全對等關係，很多時候只能作出「事後解釋」。市場同時存在著正面和負面因素，事後解釋總是可以安放一個合適理由，但亦容易跌入思考陷阱。

難以同時預測的各種因素

依賴看大市走勢，另一個問題是，你可能看對了一部份，忽略了另一部份，而看對的部份未必能令你賺錢。例如將時間線推前一點，2020 年 3 月全球新冠疫情開始大爆發，全球投資市場大跌。當時我見到不少人提出，認為這次疫情和無論在地區的廣泛性和的嚴重性，都超過 2003 年的沙士，並預計疫情不會在夏天消退，會持續更長時間，估計會長時間大大打擊投資市場。

結果 2020 年 3 月是美股見底反彈之時，在 2020 年至 2023 年之間，感染數字曾經持續爆炸性上升，美股則經歷了大升又大跌，然後再次回升。直至 2024 年初，美股仍然高於 2020 年 3 月的水平不少，S&P 500 指數大約上升了一倍，2024 年仍然有報導指新冠病毒出現變種及傳染的趨勢，對於疫情會持續長時間的預測基本上是正確，但如果認為疫情持續會令市場不斷下跌，就可能錯過了過去幾年的投資機會。可說是做對了預測，做錯了投資。

單看科技版塊亦然，疫情期間各國紛紛QE/印銀紙及推行各種救經濟措施，在家工作/學習加大了生活中的科技應用及需求，令一批科技公司生意越做越多，很多科技股升幅不少。

看對了疫情發展，不代表看對股市走向，因為預測股市走勢，如同在一個實驗室環境去揣摩投資市場。只著眼於單一因素而無限放大(例如：疫情數字)，排除現實世界中很多變數(例如：QE 救市、在家工作/學習的科技需求)，得出的結果如同自我感覺良好。各國政府/企業管理層/投資者之間充滿互動，產生很多因素，互相牽連。現實世界從來不是1+1=2般的簡單邏輯，投資世界都不例外。

投資世界並非 1+1=2

如果要對未來的投資市場做出準確預測，大概可以分為下面一連串步驟：

1. 現實中事件如預期般發生。

2. 投資者的情緒及反應，很大程度又會取決於預期。

3. 投資市場的趨勢的形成。

要對未來投資市場作出正確預測，以上三項都需要同時依從預計。對數學有認識的朋友，應該知道最後終機會率是三項機會率相乘，可以想像一下難度。假設你猜中每一項的成功率是80%(已是不錯吧)，三項同時猜中的成功率是80%x80%x80% =51.2%，和去賭場「買大細」的把握差不多。

純粹用「1+1=2」的數學邏輯去分析投資市場，是過份簡單化。

當中還有一個盲點，「投資者的情緒及反應」，本身就不容易完全量化為數字或簡化為邏輯，而且如果投資者心目中已經有如此預期，當事件真正發生時，就未必再引發情緒反應，令估算的偏差更大。

更甚者，很多人可以對大市說出一套看法，例如：「我覺得應該升，我覺得大市未跌完，我覺得指數上望幾多點。」

聽起來似乎很有目標，能講出一個準確的點數，但查問之下，原因就是「我覺得」。這個原因很大程度基於直覺，高深莫測，甚至是接近神聖不可侵犯，又很隨意。至於有沒有根據和是否可信，不妨參考一下講者的歷史，例如：曾經發表過多少次預測和命中率，作為統計學上的參考，但隨時比「買大細」的把握更低。

歷史未必會重演

還有一種常見的預測股市走勢方法，是和歷史數據比較。例如，參看歷史，債息倒掛曾在環球經濟衰退中出現，持續了約二十年，所以比較當時數據，預期現時的股票指數將下跌 X%，持續 Y 年。

這種有比較歷史經驗，加一點數據參考的預測方法，看似比較科學化一點，但當中有很大的漏洞，只看數據是結果，忽略了背景原因，而背景原因卻是很重要的分析組成部份。

• 大蕭條從 1929 年至 40 年代末，橫跨了第二次世界大戰帶來的影響，與今天的環境大不相同。

• 市場的資訊 / 交易方式 / 交易效率改變，在年代久遠的過去，要寫信去公司索取業績報告，沒有互聯網看即時股價和進行即時買賣，需要經紀人手落盤。近十年股市的調整短而急速，市場效率增加。

- S&P 500 指數中的最大成份股改變，科技巨企中，例如：蘋果 (Apple)、亞馬遜 (Amazon)、谷歌 (Google)、微軟 (Microsoft)，這些個股對於恆數的比重增大很多。科技發展令這些科技巨企做到持續增長，穿越經濟和股市週期，對指數的走向和以往的認知就會不同。

如果背景和原因已經改變或不存在，硬生生去參考一次數據的所謂分析結果，在理性分析上是不成立。

預測未來的局限性

預測股價走勢，某程度上就是一種「預測未來」，這不是完全否定預測，而是要知道及接受預測的局限性。

- 預測未來的判斷是否有足夠的理性根據，還是純粹憑個人感覺的隨意猜測。

- 預測未來是否過份重視單一因素，或者把單一因素無限放大，或者忽略其他不斷改變的因素。

- 透過和歷史數據的比較，要留意作為比較的基準，在今天的情況下是否仍然成立。

- 即使未來的事件如預測般發生，但可能預期已經反映，結果投資市場是以相反方向發展。

由於預測的判斷包含不確定性，這就是未來的不可預測性，這本身是和預測未來的行為互相存在矛盾。在預測之上，更加重要是如何作出投資操作，才能避免如本文開頭的例子，做對了預測，做錯了投資。

另外，必須考慮如果萬一預測錯了，應該如何應對，在投資上都需要考慮，這就是風險控制的考慮。

價值投資者視股價如雜音

對於價值投資者，以上只是雜音，焦點還是放回在行業和公司的基本因素中。

舉個例，你今天到街市買菜，你會根據價錢牌上的價格付錢，得到的是一棵蔬菜的價值。

影響蔬菜的價值之考慮

- 菜的品種
- 菜的質素
- 菜的新鮮程度

即使是完全一模一樣的蔬菜，價格是浮動的，可以因為很多不同的原因而變動。

影響價錢牌上的價格之考慮

- 遇上颱風，價格會比較平時貴
- 近來少了買餸的人到街市，店主願意把價格降低
- 有不老實的店主，會隨意提高價格，務求有無知的顧客上當

參考以上的比喻，你根據股票報價的價格付錢(價錢牌)，你得到的是企業(菜)，準確一點買到的是企業價值。

觀察短期的股票價格，基本上都是浮動的，是當日那一刻有人買，亦有人賣，而產生了市場的定價。不過一日內參與買賣的股票佔總發行量的小數，這換手率通常是1%左右或者甚至更低，超過90%股票的持有人是看到股價而無動於衷。即是極小部份的人參與了買賣，去決定股票價格。

耐心等候價值回歸

企業價值不是恒常不變，業務增長可以令到企業價值增加，業務倒退可以令到企業價值減少。巴菲特的老師班傑明·葛拉漢(Benjamin Graham)有一句名言：「市場短期是一個投票機，長期是一個稱重機(磅)。」

即使短期股票價格是如何飄忽和波動，長期之下最終股票會顯示背後企業的真正價值，就是長線投資者／價值投資者相信的價值回歸。他們不知道，亦不會去預測價值回歸將於何時發生，需要做的只是當價格合理(價格等於價值)或者便宜(價格低於價值)時買入股票，然後耐心等候價值回歸。

常見估值方法

如何去量度價值是涉及估值(Valuation)，有不同的方法，例如：現金流量折現法(DCF，Discounted Cash Flow)、企業價值(EV，Enterprise Value)、市盈率(PE，Price-to-Earning Ratio，或稱本益比)。

我自己會參考PE市盈率：

PE = 股價 / 一年的每股盈利

這就是今天你付出的股價去買企業的盈利，需要多少年才回本。

PE並不是以一個絕對數字比較去判斷平或貴，而是要加入業務增長的考慮，加入本益成長比 (PEG，Price/Earning Growth Ratio)：

PEG=PE / 預計盈利按年增長率

- 如果 PEG > 1，估值是高估
- 如果 PEG = 1，估值是合理
- 如果 PEG < 1，估值是低估

PEG的計算亦有其限制，如果業務只做到平穩而不增長，份母是零，PEG無法計算。

以下例子，假設每股盈利=5，預計盈利按年增長 =+20%：

	假設股價	市盈率	本益成長比	估值
1	股價 =120	PE=120/5=24	PEG=24/20=1.2>1	估值是高估
2	股價 =100	PE = 100/5=20	PEG=20/20=1	估值是合理
3	股價 =75	PE=75/5=15	PEG=15/20=0.75< 1	估值是低估

換句話說，

- 如果預計盈利按年增長率相當高，PE較高都可能是估值合理。

- 如果企業在發展初期而沒有盈利，或者今年業務倒退而沒有盈利，PE的分母是零，是計算不到PE，PEG亦計算不到，即是計算不到估值，判斷估值有困難。

- PEG的計算中使用預計盈利按年增長率，這是跟據公司的指引，或者是大行的預計，因為預計是有不確定性，有猜測成份，最終可能做不到，或者可能超出預期。

計算PE可以有不同的方向：

- PE(TTM)，TTM是Trailing Twelve Months，以過去12個月的每股盈利計算PE，盈利是準確的數字，PE(TTM)是歷史而滯後。

- Forward PE，以未來一年的預計每股盈利計算PE，盈利是預計而不是準確的數字，Forward PE是比較有前瞻性，PEG會以Forward PE去計算。

配合PE/PEG判斷買賣

假設投資者判斷企業質素，加PE和PEG的計算，然後耐心等候股價下跌，跌至估值是低估的時候才買入(或者最低限度是估值合理)，就是增加安全性。當估值是低估的時候買入，不代表股價不會繼續下跌，只是相信長期之下會價值回歸，股價會回升至估值合理的水平，加上企業盈利的成長會拉低PE，PEG亦下降，即是得到了雙重的回報。

在等候股價下跌的過程中，有可能未跌至估值低估時，股價已經見底回升。如果堅守以上估值的考慮，著重安全性，情願不買入而再繼續等候下次股價下跌的機會出現。再等待亦有時間上的代價，因為隨著等待時間中企業盈利可能增加，股價上升，PE可能沒有上升(不是更貴)；或者盈利增長幅度多過股價增長，股價上升，PE可能下降(更平)。

我自己會加入彈性處理的考慮：

1. 在股市下跌時，不一定等到當估值是低估的時候買入，但會考慮分段時間分散注碼去買入。我不知道何時股價會否跌至估值低估，又或者何時股價已經見底回升，這些都不是重要考慮。可能加入另一個觀察是VIX指數(芝加哥期權交易所市場波動率指數)，或者通常被稱為「恐慌指數」，不是一個絕對指標，可以作為一個大概的參考，我的取態是一看無妨，但任何預測未來的方法都不能盡信。當VIX指數越高，投資者情緒越恐慌，越多投資者在拋售股票，有機會越接近股市見底之時，例如：2008金融海嘯、2011歐債危機、2020環球新冠疫情爆發。

2. 250天移動平均平均成本法(DCA，Dollar Cost Averaging)，是定時定額資金，例如：月供股票/每月收到薪金去自行買入股票，是長時間加上紀律執行，你的買入會分散在估值高估、合理、低估之時，股價高時買入的股數會少些，股價低時買入的股數會多些，平均之後得到的平均成本會是中間數或者略低於中間數。紀律行為尤其是對經驗不多的投資者有幫助，避免受情緒或者人為決定的影響，例如股市大跌卻不敢買入。方法為何可行？重點是長時間執行，相信長時間包含價值回歸的出現，雖然股價時高時低，平均成本會接近合理估值，同時持有的企業在持續成長。

別妄想買在最低點

所有投資者都希望在最低價買入，包括我自己。

問題是，如何找出最低點，如何知道股市何時跌完？就是回升之後才知道。例如：回顧美股，很多人覺得2022熊市未跌完，2023的股市上升是暫時性而不實在，2024年就說等待股市回調而買入，經常被估計股價走勢的心魔牽著走，就會永遠不敢投資，或者看錯一次就把自己的購買力一下子耗盡，放棄投資。

與期一直等「最低點」，不如採取分段買入/月供/每月買，跌市分段買入，繼續下跌，繼續買入，保持對長線投資的信心。

持續投資 (stay invested)，就是不斷投資，升市投資，跌市投資，不斷投資。

思考——把著眼點放在企業

著重長線的價值投資者還是會去做預測，不過著眼點是企業質素，而不是股價，透過企業成長，令到收入和盈利增加，令到長期價值增加。即使這一刻的股票價格和企業價值有偏離，相信最終價值回歸，企業價值會在股票價格中反映。

在股市升升跌跌中，預測短期股價走勢是希望抓住每一個轉角位，時刻頻密地不斷作出預測，實在是十分困難。

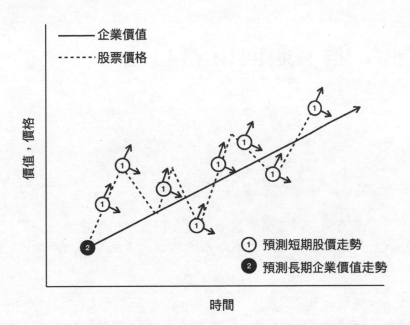

與其過份迷信未來股價走勢的可預測性，不如把時間和精神放在研究行業及公司等基本因素，相信效果會更大。

3.4
無懼牛熊，邁向財務自由

延續上一章節有關股價走勢的討論，即使把著眼點放在企業，不把短期股價升跌放大，但當處身牛市或熊市的極端，應該如何調整持倉，實踐持續投資？

曾看過不少美好的說法，指只要做到「牛三頂沽出，熊三底買入」，如此操作經過兩三個牛市熊市週期，就可以達到財務自由，然後週遊列國。

我都曾經相信，昔日對於這種操作有過美好的憧憬……之後慢慢在投資市場實踐多了，碰過不少釘，發覺以上近乎是完全的妄想，更深入地思考，你會發現連如何界定牛市或熊市，都未必有絕對的標準。

牛與熊的「絕對分界線」

當然，市場上對於牛市熊市週期有多種不同定義，以下列出一部份例子及觀察。

參考條件及觀察	詳情
升幅和跌幅	• 股市從低位升了20%為牛市。 • 股市從高位跌了20%為熊市。
250天移動平均線 (SMA，Simple Moving Average) 作為牛熊分界線，亦有人使用200天移動平均線，意思是判斷長期走勢的改變。	• 股市升穿250天移動平均線，股市便從熊市步入牛市。 • 股市跌穿250天移動平均線，股市便從牛市步入熊市。
道氏理論	• 股市趨勢呈現持續向上，高位呈現一頂高於一頂，低位呈現一底高於一底，界定為牛市。 • 股市趨勢呈現持續向下，高位呈現一頂低於一頂，低位呈現一底低於一底，界定為熊市。
投資市場情緒	• 在牛市中，投資市場充滿樂觀情緒。當推到極點時，覺得股市永遠不會下跌。 • 在熊市中，投資市場充滿悲觀情緒。當推到極點時，不相信股票再有回升機會。
經濟週期	• 牛市中，經濟活動擴張，一片欣欣向榮。 • 熊市中，經濟活動收縮。

但理論歸理論，現實中的牛市，熊市，似乎永遠爭論不完。只要一日地球上有投資市場存在，可能仍然在爭論中。

例如2022年美股大跌市，世界末日氣氛籠罩、冒出很多「預言家」作出

種種預測，揚言美股未來不會再有牛市、科技股不會再如以前上升……等等。

2023年有大行分析指出，S&P 500從低位升了20%，所以是牛市。那假如明天指數下跌，令其從低位量度升幅剩下19%，這又不是牛市了？當中是如何精準界定的？界定的意義是什麼？我有點迷茫。又有媒體指出，美股的大部份升幅來自7隻科技巨企股票 (Magnificent 7)，所以這是不健康的升市。「健康的升市」，就是要雞犬皆升，誰人有投資就會贏錢嗎？我覺得更加不健康。

Magnificent 7

為何經濟差，但一些科技巨企仍然保持盈利增長，股價上升？

例如：蘋果和微軟提供的產品或服務，近乎是必需品，類似是科技中的公用股，有能力穿越經濟週期，財政穩健，更加有充足資金可以加大研發。面對通脹和加息，即使遇上金融危機，投資者會否選擇投資這種公司？還是中小型公司？資訊越發達，市場越聰明，可能更加激化這種股市表現分歧的現象。

其他公司股票不升，巨企股票升；其他公司股票升，巨企股票升幅更多，所以它們的股票市值才會升至全球十大。

企業層面的強者越強，股票層面的 Magnificent 7 升幅集中，令我聯想到社會上，個人層面就是貧富懸殊的出現，財富的集中不是一個健康的現象，但是又的確很自然而正常地出現。遇上經濟差或者衰退，生活受到最大的衝擊的是低下階層，或是沒有資產

的打工一族。手上擁有很多資源的人，有較強面對逆境的能力，不單單是可以生活，仍然可以繼續買名牌奢侈品及保持消費，就是貧者越貧，富者越富，亦是當今科技巨企的情況。

便用不同定義，可能基於同一個時刻，也可以得出牛與熊不同的解讀結果。而且牛市熊市是一個市場的概括觀點，舉例一半股票上升，另外一半股票下跌，指數是平均數就會見到持平，是否可以全面反映現實情況，值得商榷。

如何可以得到一個絕對的定論？就是事後回顧的觀察，才會有答案。

不要過份自信「賭單邊」

另有說法是市場表現分歧，牛熊共舞。熊市中有股票破頂，牛市中都有人虧損輸錢，最重要的著眼點是自己投資組合的表現如何。

我反而覺得不妨考慮套用一個看法就是「無看法」，先控制好風險，股市升當然是好，就算跌都不會令自己永不翻身。

無論市況如何，控制股票持倉和現金在一個適合自己的水平，都是合理做法。但不是把股票清倉，否則如果你看錯走勢，會令自己處於一個相當困難的操作狀態。情況好像若十年之前，有人覺得香港樓市會下跌，把手上唯一物業賣出，結果只能眼睜睜望著樓市繼續升，沒有任何事情

可以做。這操作方式是「賭單邊」，近似賭博，覺得自己只會對，不會錯，正是沒有基於風險去考慮。

分散買入，下跌買，不一定要撈底，去追求買入在絕對的最低位。

回看過去幾年，不少事情未發生前，多少人可以猜中，例如：環球新冠疫情、俄烏戰事、ChatGPT 等等？影響投資市場的因素是動態，因素每日在改變。「估中」基本上是預測全世界未發生的事情，及其在投資市場引起的反應，涉及的變數相當多，是極之困難。

相對預測「估市」，預估自己的持貨能力是比較實在。

有足夠的持貨能力，真正優質公司適合一直持有。如果經常交易，頻密進出市場有一定技術要求，要衡量自己的能力，可能操作上犯錯，要考慮犯錯應該如何處理。如果放走優質公司的股票，掙扎之下沒有買回，是得不償失。

我在牛熊市都安心的操作

在不同的市況之下，投資者會調整投資組合，務求股票/現金水平令到自己安心。我自 2016 年建立投資組合以來，大部份時間保持相對高股票持倉，高的標準是因人而異。大部份時間我的組合中介乎 90-95% 是股票，2020 年和 2022 年在美股大跌市中都是如此。我間中持有最多的現金水平是 15%，即是大約 85% 股票。

對於持有自己認識而有信心的企業，自己會感到安心，在大跌市中一樣會睡得好。

另一方面，以我自己的經驗，嘗試高賣低買的後果，往往是賣出股票後在更高股價買回。而沒有現金在手，可能會錯失跌市買入的機會？所以我會採用換馬的策略去處理跌市。(下一章節會詳述)

基於以上考慮，牛市或者熊市並不是我考慮的主軸，我不會因應牛 / 熊市而去大量調整持股水平及策略，因為相信真正優質公司有能力渡過熊市低潮而復原，而且可以以較其他公司的復原速度更快。重點不是只看到熊市中的下跌，而更加重要是公司在熊市後的復原能力。

以上操作有一個重要條件是避免摸頂，建立組合時我的主要買入策略為分散注碼，每月買，效果如同月供，通常每一個月收到薪金的當日就買入 (現在退休了，就沒有這樣操作)，足夠拉長買入時間，平均買入成本不是頂，又不是底，而是中間。這個方法比較適合自己，不需要每一日在盯緊股價，持續買入，持續投資，會有一個更加安定的心去進行長線投資。自己的精神和焦點可以放在研究企業本身。

回顧過去曾「交學費」

我現在能以一種相對的平常心看待牛熊市，焦點回到企業本身，其實也是從投資路上一步步走來，點滴累積經驗而來，不是一朝一夕就能做到。之前都曾提過，我正式建立投資組合的是在 2016 年，但之前的投資，也交過不少「學費」，及被股市升跌影響心情。

• 自己在 2007 年開始算是正式投資，但投入的資金比重不算是很高，2008 年的金融海嘯對自己的影響是相對輕微，如同只放一隻腳掌入水面試試水溫的感覺。

• 投入的資金比重漸漸增加，2011 年遇上歐債危機，投資組合虧損達

到6位數，忍不住壓力，低位沽出清倉，沒有股票倉位，沒有壓力，然後自己就感覺良好，不過股市見底回升。

- 2015年大時代到2016年，又是高買低賣，大跌中交學費。

- 到2016年建立投資組合初期，以收息股為主，見到股價波動，一隻港股REITS股票帳面虧損5-10%，已經有種悶悶不樂的感覺。

- 投入到美股市場，慢慢找到自己的投資風格，慢慢培養出對長線投資的信心，對大市升跌習以為常。2018年尾的下跌，2020年3月環球疫情爆發引致美股溶斷，2022年的通脹、加息、衰退陰霾、俄烏戰爭、及隨之而來的熊市……論跌市的頻密程度，差不多兩年一次。

今天自己仍然在學習中，不過回顧過去，見到現在的自己和2016年建立投資組合的初期比較，無論是心態以至回報，都已經有頗大不同，都是有一定程度的進步。

投資和投資者一同成長

經歷熊市或者跌市就如投資者的洗禮，有人交的學費多，有人交的學費少，但總是交了學費，人才會有機會成長(也有可能拒絕成長)。

- 有人會用沽出清倉策略，不過清倉之後再次重新投入投資市場，不是一個容易決擇。何時投入，如何判斷投入的時機，投入多少，投入之後再下跌又如何，應該預先去思考清楚這些問題。如果完全沒有想過，只是見步行步，到時很大機會是進退失據。

- 相反，沒有沽出清倉之下，就要繼續承受風險和可能潛在損失，要承受壓力。

「清倉」前再三思

從不少次的經驗觀察，自己沽出股票清倉之時，往往是股市見底回升。

其實不難理解，自己只是市場眾多的千千萬萬個投資者的其中一人，當自己悲觀到極點而沽出股票，很可能大部份的投資者都是有一樣的想法和做法。當絕大部份的悲觀投資者已經賣出股票，股票已經賣到樂觀投資者的手中，他們偏向不論市況如何都不賣出，沽壓減少，股市回升。這升跌並非完全由絕對數據主導，例如：估值、業績報告、跌幅多少 %，反而更多是市場情緒和投資者之間的博奕。

另一個觀察是，個別股票見底回升之餘，若干時間之後，股價甚至升破歷史高位。這表示當初的選股沒有問題，問題是在於自己的情緒管理，壓力之下唯有沽出全部股票，沒有能力捱過跌市的壓力。

漸漸學懂如何和自己的情緒相處，必須承認人有情緒是十分正常，自己都是人，但是要避免由情緒主導而衝動地做投資決定。自己要成為自己的情緒觀察者，了解自己的情緒，就是了解自己。真的感到壓力之時，嘗試深呼吸一下令自己冷靜，我還有一個習慣是去行山，到達高處就停下腳步，整個人放空靜下來一會，所有壓力和悶悶不樂的感覺就會忘記。

逆境和困難都會過去。

在長線投資的過程中，我們可能會經歷不同的成長階段：

- 最初眼光很在意投資回報的金額。

- 看投資回報金額，和工作收入掛鈎，例如：輸了幾多個月人工、幾多年人工。

- 漸漸地面對投資組合的每日波幅擴大，可能由5位數，到6位數，甚至更大。

- 正或負回報％只是一個數字，和投資組合規模的大小無關，心理上更加趨向有一種平常心的狀態。

- 焦點由短期或者年度回報 %，轉移到行業發展前景和企業質素，才是影響長遠回報的重要因素。

當投資組合的規模，由6位數字，到7位數字，到8位數字，甚至更大，需要更大的能力去管理。換一個說法，你能力的大小，決定了你的財富。同樣地，你的財富，決定了你能力的大小。

隨著時間，理論上大家都希望見到投資組合的規模日漸長大，應該沒有人想見到投資組合停滯不前，甚至是收縮。面對以上的種種負面情況，以及需要去管理好自己情緒去面對壓力，減少情緒波動，令自己面對股價波動沒太大感覺，心境平靜，都是一種能力。這種能力就是在投資過程中的跌跌碰碰而獲得，尤其是面對熊市中的極端逆境情況。

多了解投資項目的本身，了解風險，了解波幅，還有更多去了解自己，包括：心理質素、風險和壓力承受能力，多了一份心理準備，可以幫助自己渡過逆境，能力就會提升。

悲觀者正確，樂觀者獲利

長線投資者或者價值投資者有一種偏向樂觀的特質，相信壞情況總會過去，這種相信不是盲目的相信，而是透過分析基本因素去尋找優質的企業，包括有優質的管理層，他們有能力把企業管理好，無論環境有多惡劣，企業可以渡過難關，最終可以成為發展得更好和更成功的企業。雖然環境維持惡劣的時間是未知之數，願意接受不確定性，仍然願意堅持去持有股票，相信自己有能力持有股票，去渡投資市場的艱難時期。著重企業品質判斷的預測，而不是股價升跌時間和升跌幅度的預測。

以上情況有一個條件，是選股正確，否則劣質企業的股票是可能永遠不能重回高位，甚至企業在環境最惡劣的情況下關門。

相反另一邊是悲觀者，特別在意投資市場下跌，有可能久久不能收復，甚至永遠不能收復，覺得股市可能會下跌五成甚至九成，由於種種的不確定性，決定急急賣清所有股票。

悲觀者估中了下跌趨勢，最終優質的股票從悲觀者的手中，賣到樂觀者的手中。

3.5
有信心，不必止賺止蝕

上一章節提到，我會以平常心面對牛熊市，市況不太會影響我的投資組合，或者股票/現金水平。但不是期望投資只升不跌，把一切想得太美好，後果是當情況不似預期，你就會不知所措。

最好的做法是事前作好各種情況的假設，包括最壞打算，假設投資的股票下跌一半，甚至全部虧損，自己可否接受？在投資之前，先去想清楚不同情況的應對，由於已經預先訂立好策略，到情況真正發生之時，按照策略執行即可，一切是意料之內，減低在情緒上的影響。

「止蝕」與「價值投資」的矛盾

「止蝕」和「長線投資」/「價值投資」在概念上有著根本的矛盾。

投資者要首先弄清楚，自己投資了什麼，和投資的原因。

如果單純因為股價下跌而止蝕，企業的基本因素沒有大改變，這意味著以下的思考模式：

- 股價下跌，界定企業為沒有價值，賣出。
- 股價上升，界定企業為有價值，買入。

以上的操作正正是高買低賣 (buy high，sell low) 的思考陷阱。

買入時應該是基於企業的質素，當時股價合理，所以判斷為值得買。如果企業的基本因素沒有大改變，股價下跌，是由「值得」變為「更加值得」，甚至「超值」。理應買入更多，即使不是買入更多，都不是去止蝕賣出。

在很多人眼中，當股價下跌時，無論什麼因素都變為負面因素。投資者需要持平去理性分析，學習去判斷企業質素，我所指的尤其是企業在行業中的長期競爭優勢，這些不是一日、一個星期、一個月就會大幅度改變，更加不是因為股價跌了幾天就改變。在我自己的分析判斷中，通常以3至5年作為最低的長線投資考慮，有信心在期間的競爭優勢可以保持，假如遇上一季甚至一年的業績數字轉差，股價會下跌，仍然有信心及耐性去持有，不會止蝕賣出。

堅持同時考慮風險

不過，投資是需要多角度思考，以上關於不需止蝕的觀點，是建基於對企業基本因素的分析不變，當股價下跌，應該要分析下跌的原因：

- 宏觀因素，整體股市下跌。
- 行業因素，或者行業週期，整個板塊的股票下跌。
- 企業質素變差，是個別因素造成股價下跌。

首兩項是宏觀因素和行業因素，錯不在企業本身，比較大機會是暫時性

或者週期性，之後有機會股價回升。長線投資是長時間持有，更應該把週期性因素視為必須遇上的常態，放入考慮的計算之中。另外，也要考慮投資的行業或股票類型，如果投資的是增長股或者科技股，波幅會相對比較大，股價不會是直線上升。這個情況下，止蝕會加大了長線持資的難度，不斷買入，不斷止蝕，跌入循環。

至於第三項是企業質素的問題，才是真正值得擔心，以致作為賣出考慮，注意著眼點仍然是企業質素，不是股價。股價下跌是否企業質素變差的結果，需要去思考。如果發現自己選股的分析有盲點或者有錯誤，企業沒有想像中優質，那就可能要觸發止蝕賣出(或者賣出一部份)，因應風險考慮退場。

何時賣出，何時不賣出，投資世界裡沒有絕對的答案，有時候長線投資和價值投資需要一種固執，固執不是貶義，固執是首先建立在理性和分析之上，願意堅持，同時要提醒自己想法可能有缺陷，這個就是風險的考慮。

簡單總結，我是不認同純粹基於股價而止蝕的概念。長線投資的焦點是企業質素，股價升跌影響是平貴，平貴和質素是兩個概念。

劣質股不要等「返家鄉」

如果真的選錯股票，買入劣質股，當市場氣氛冷卻、回歸理性，劣質股往往變成蟹貨，甚至積存成為千年蟹貨。既然是劣質，要等待股價回升至買入價，當然困難。

不少投資者都對自己的股票買入價十分執著，如果股價下跌成為蟹貨，一般會堅持等待股票回升，「返家鄉」才肯把蟹貨賣出。

請大家先思考以下問題：「假設你現在沒有持有任何股票，你手上有一筆資金，可以選擇投資在兩隻股票的其中之一，A或B。如果預計未來一段時間中，A是劣質股票，升得慢、橫行、甚至下跌；B是優質股票，升得快，你會如何選擇？」

應該大部份人會回答：「選擇B」。

但是持有蟹貨的投資者偏偏會回答：「選擇A」。只要細心思考一下，就會明白，如果你現在已經持有 A，可以先賣出 A，取得資金，然後買入 B，和用全新的一筆相同金額資金去買入 B，本質上其實沒有分別。

從以上例子看到，投資並持有股票是：

• 看未來(持有優質股，即使未來的股價表現是預計，有不確定性)。

• 而不是看過去(買入價是如何，買入了劣質股票，買入之後股價下跌，死守不放)。

如果已經確認股票是劣質，當然沒有必要死守不放，但假設投資者認為蟹貨A仍未完全變質，未來亦有可能回升，反而優質股B之前升得多，可能將會出現調整。這個擔憂的情況是有可能出現，因為投資就是充滿不確定性。

簡單的分散風險操作方式，把一半持有的A賣出去換成B，餘下的一半A就繼續持有。然後給一點耐性，時間會告訴你哪一個選擇才是正確。面對投資的不確定性，目標不是去找一個絕對的答案，因為絕對的答案根本不存在。

止賺的下一步

至於止賺，當股價上升了一定升幅，高於買入價的水平，甚至升到不合理水平，賣出止賺而獲利是無可厚非。

不過，長線投資考慮的焦點是企業的成長，優質企業有能力做到長期反複而上升，如果未有更好的再投資選擇，不需換馬，投資者可能都是打算先賣出止賺，然後在低位買回。

但如同我在之前的章節提及，以上的操作難度極大，不單要考慮企業成長的長期趨勢，還要捕捉到股價升跌的短期趨勢，需要眼光、膽色、耐性、執行力等，很多時賣出獲利的結果，都是在更高的股價再買回。除了個人因素，近年美股市場調整亦似乎越來越有效率，下跌是急而短，亦加大了買回操作的難度。

止賺本身不是問題，需要思考的問題包括：止賺之後是否買回、何時買回、如何判斷買回條件、如何應對如果股價繼續上升等。

考慮清楚才換馬

剛才「返家鄉」的例子中，賣出 A 而將得到的資金買入 B，這個操作就是換馬。換馬由 X 到 Y 通常是基於以下情況考慮：

- Y 的業務前景較 X 優勝。

- X 的股價已經升至不合理水平，或者預計面前 Y 的股價會比較 X 有更大的潛在可能升幅。

- 投資組合的再平衡(Re-balance)，由於X的上升令至其佔投資組合的比重特別高，希望透過換馬令至投資組合較為平衡去分散風險。

根據我的經驗，尤其是處於熊市或者跌市當中，很多股票齊跌，很多時要去考慮採用換馬策略，條件是：

- Y的質素比X高。

- 如果X和Y的質素相若，Y下跌了的跌幅比X大。

- 觀察X和Y，兩者各自的價值和股價比較，這影響未來的潛在可能升幅，Y相對上比X便宜。

如果判斷正確，當投資市場氣氛改善，股市回升，通常 Y 會回升得比較早，或者回升幅度比較大，即是表現可以跑贏大市。

思考——以耐性收復失地再破頂

我信奉長線投資，不會以止蝕、止賺、返家鄉作為投資操作考慮。基於4%法則，仍然會按計劃去定期賣出少部份股票，不過，賣出動機不是出於股價升跌，而是生活支出需要。

由於我已經退休，沒有從工作而來的主動收入，平時投資組合維持比較高的股票持倉 %，不會保留大量現金等待跌市機會出現，在跌市中換馬就成為近年的主要投資操作。

例如：2022年美股經歷接近一整年的下跌，下跌幅度大，尤其是科技股，我在期間透過換馬去優化組合。雖然2022年投資組合下跌了

57.4%，是一次重創，到了2023年股市回升，已經收復了失地的大概八至九成，到了2024年初，投資組合已經重回高位，然後破頂。

本書開首提到「資產」的概念，如果你真正相信資產，股價下跌不是最可怕，資產質素惡化才是最可怕。有此作為長線投資的視野，就不會常常被股價升跌主導情緒，不會因為見到股價升跌就急急賣出股票，不會純粹以止蝕和止賺去解決問題。保持持續投資(stay invested)是長線投資的基本原則。

3.6
投資要重質不重量

價值投資著重長線投資，不會每一天不斷頻密在做交易，做較少數目的交易，要求更加專注，期望做到更高質素的投資決定。

專注於能力圈及版塊

之前的章節中，已經強調過能力圈的重要性，能力圈內的知識，是你有一定程度的認識。及有信心去把握的。加強自己的能力圈，堅守自己的能力圈，自己不知道的就不去投資。

最重要不是能力圈的大小，而是知道能力圈的邊界在那裏。投資者不需要十項全能，只要維持一個穩定的心態，投資在能力圈以內的行業板塊，就可以增加勝算，就如我投資在自己熟悉的科技版塊，就可以更安心持有，回報也更好。

專注研究公司

下一步是由上以下，先了解行業，然後了解公司，對公司有一定的研究和信心才買入，避免買得濫和買得雜亂。

我見過有網友分享自己的投資組合，當中持有近100隻不同的股票，相信對於大部份投資者而言，這個數量是不容易掌握，單單是弄清楚自己有沒有持有某一隻股票已經不容易。個人投資者不是基金經理，不需要分散投資到50-100隻股票，一般分散在10-20隻股票範圍已經很足夠。

專注長線持有

重視長線投資，就不會經常頻密交易，同時應該避免經常「十上十落式」的操作意圖。

有人可能會問，如果我「十上十落式」操作，每次「一注獨贏」，不是可以賺取最多回報嗎？這句說話，說得不是全對，但又不是全錯，只是不夠全面。

有回報的條件，是首先自己看得對，但沒有人可以完全肯定自己的看法全對。如果可以肯定，一早已經「上岸」，根本不需要投資。

一注獨贏可以帶來可觀回報，同時亦有機會是可觀虧損。投資是要去平衡，包括：虧損、風險、回報，如果一次看錯就損失全部注碼，談何長線投資？

人是怕悶，又容易跟從群眾，有時候不自覺找操作去做，完成了操作，就會生出一種存在感。但對於長線持有，很需要耐性，最困難的操作就是不去胡亂做操作。

分散投資，會否拖低回報？

我們來比較一下，投資 1 隻股票，對比投資 5 隻股票：

- 5 隻股票齊升，理論上，機會率應該低過 1 隻升。

- 同樣地，5 隻齊跌，機會也低過 1 隻跌。

- 分散投資 5 隻股票，去避免投資個別股票而帶來的風險，放棄了一注獨贏式的可觀回報，但減低較大虧損的機會。

大前提回到問題的本質，投資不是純綷去賭博買升跌，假設投資者有足夠判斷能力去找到優質股票，分別是去研究 5 隻股票花更多時間精神，買入 5 隻會升都是有可能，指的機會率是相對，不是絕對。

投資組合，是以「管理」的概念，管理是需要時間去研究，看業績，不斷檢討，而調整策略。如果持有的股票數目越多，要用的時間精神越多。如果用相同的時間精神，去管理的股票數目越多，對於每一隻股票認識的深入程度會越低。這是要透過分散投資去控制風險，同時需要付出時間和精神的代價。所以你應該分散投資多少隻股票，也應該將你有能力分析及管理多少隻股票，列入考慮。

首先去思考潛在虧損多少，如何控制風險，然後才去期望贏。

交易，重質不重量

選擇投資在能力圈以內，少數的行業板塊和公司，相對地可以花多一點時間精神在每一個行業板塊和公司之上，可以增加管理投資組合的效率。

避免為分散而分散，持有相對較少隻股票，自然分配到每一隻股票的資金比重會較多，就是「分散而集中」，可能有更佳回報，或者甚至跑贏大市，當然亦有機會跑輸大市，要視乎選股能力和技巧。相反如果持有100隻股票，可能做到大概和大市同步，但倒不如直接買追蹤相關指數的ETF，會更加容易管理。

長線投資不是在於做交易的數量，不是交易做得多就會多勞多得，強調在於質，是專注在少數重大的事情之上做對，就可以彌補多個在相對較小地方的犯錯，已經可以帶來很大的正面的成果。

3.7
夢想財務自由，今天起行

投資如同一趟人生旅程，很多時候要從跌跌撞撞中學習，是一條不斷學習、不斷進步的路。要真正有進步，而不是「白交學費」，建立並完善自己的投資系統，是重要的一步。

「投資系統」不是指電腦系統，而是指：

• 有一套自定義操作規則去跟從。

• 有系統地去計劃、執行、檢討投資交易。(例如：選股考慮何種因素、如何決定買入、什麼買入方式、股價上升了是否會賣出、如何決定賣出等)

• 此方法可以避免每次交易純粹憑感覺而隨機行事。

當開始投資一段時間之後，踫到有成功，又有失敗，成功和失敗總會有跡可尋，要認真檢討去找出原因，自己有何做得好和做得不好，加以消化，一定要誠實面對自己。

以後避免重覆去犯相同的錯誤，相反地，重覆去做成功的操作，就有機

會把成功複製，融滙貫通，務求達到可持續性，漸漸這就會成為自己個人的投資風格。

由於以上是有系統、有結構地進行，再遇上成功或失敗，就可以通過再次檢討，回饋到原先的投資交易系統，令到投資交易系統不斷自我優化，而不是靜態、停滯不變。

最重要是學習投資心態

提起學習投資，學習和實踐是同時並行，可以說實踐是學習中不可缺少的重要部份。不要以為學習到天下無敵的完美狀態，然後才落場投資。相反，一面實踐，一面有可能犯錯，從錯誤中學習。由於有可能犯錯，注意風險和安全措施，令自己有容錯空間。情況好像學習游泳，只看書、在課室中上課程、看盡 YouTube 教學影片，不會令自己學會游泳，跳入泳池中才是學習的真正開始。

初接觸投資的人，通常會有多種擔心，最常見是擔心買入了股票，之後股價下跌。擔心股價下跌是正常，但下跌是投資路上必然會發生的，所以無須擔心⋯⋯認為股票跌了很多不要買，股票升了就等下跌才買，這些想「一擊即中」，或者一廂情願，不斷估走勢的心態，都不會令你有任何進步。

不進入市場，如剛才所說站在泳池旁邊不去「試水」(Test the water)，很難去學習投資。應該控制自己的期望，考慮分散入市，分散投資，從較少金額開始，可以邊實踐，邊學習。而且在投資過程中遇上新的問題，去面對和處理，就會真正打開自己的眼界，這是最好的學習方法。

投資路上要學習的，除了了解市場，理性的硬知識以外，還有更多是管

理自己的情緒和心理質素，依靠 Paper Trade(用紙做紀錄去模擬投資交易)是不會學懂投資。股價可能會下跌，造成心理壓力，面對壓力使投資者成長，面對壓力並處理好情緒，是投資中的一種能力。學習中，其實更加重要是學習正確的投資心態。心態影響行為，行為影響結果。

投資市場中的不確定性是常態，投資必須要接受不確定性，和不確定性打交道。

由投資走到 FIRE

來到第一部份的尾聲，也以我自己由投資，走到 FIRE 財務自由的一點點心得作結(詳情會在第二、三部份再談)。

自己在2021年中退休，當時比較少主動和其他人提起，首先當時忙於處理媽媽出院康復，另外自己心理上是適應期，包括有一種「退休焦慮」，擔心自己的退休不能持續，或許需要重操故業。可能加上當時正值疫情期間，四週充滿負面新聞，影響經濟、生活、情緒等等，相信不少人包括自己，常常感到生活在壓力之中。

到2022年，時間一路過去，自己都接受了退休的身份，更新了自己的退休狀態到 Linkedin(專業/商業用社交網絡)上的個人簡介。不只一次有朋友問起，如何能像我一樣，達到提早退休的目標？

我思考了一會，認真回答：「努力工作，努力儲蓄，努力學習投資。」

- 投資需要本金，我不相信本金來自橫財；另外使用大幅度槓桿等同快速獲得較大金額持倉，做法值得商榷，不可以忽略風險。本金比較正常的來源是工作收入，「職業」是需要時間和心力去經營，不是一

出來社會工作第一年就會見到效果。工作收入是有複式效應，需要耐性，努力去增加自己的競爭力，自己在職場上的市場價值都會增加。雖然剛剛開始工作時的收入不高，但不要為此影響長遠的投資計劃。

- 有人提議分開兩個銀行戶口，把每月出糧收到的薪金分開為支出和儲蓄，以避免衝動時過度消費，我自己不是採用此方法。首先自從2016年開始有做好支出記錄，5-6年之後我了解到，自己的支出習慣頗為穩定(到現在，已經經歷了8年之久，支出從開始到現在是差不多)，所以每當出糧，可以預留支出所需，就會對於可用於儲蓄/投資的金額更有把握，最高峰時大約是薪金的60%。我亦不會花太多精神去捕捉股票的買入時機，承認自己沒有這種能力，一收到薪金當日就會買入股票，心安理得。每月做，持續做，做到分散時段入市，如同月供股票的效果，同時避免估升跌走勢的心魔。

- 書本和網上都有很多值得參考和學習的資料，不過學習的效果不是一朝一夕，不會因為看完一本書，投資回報就會提升多少%。自己沒有參加投資課程的習慣，喜歡自己慢慢看書或資料，慢慢消化沉澱，比較適合自己(這是很個人的選擇，但不要單單以為聽取股票貼士，或者去上一些「必勝法」課程，就等於學會投資)。

盡早起步 更快抵達

仍走在投資路上的人，可能會覺得「財務自由」、「提早退休」很遙遠，我的一個心得就是「時間」，第一是資產成長需要時間，所以要盡早開始實踐。

依靠收息，假設是每年4%回報，如果加上股票升值 4%，假設做到每年約8%回報，這個接近S&P 500在長期之下的年複合增長，或者假設

你直接投資 S&P 500 指數 ETF，以你在開始時投入了 10 萬港元計算，然後沒有任何買賣交易，只放著不動，到了第 50 年已有 469 萬港元 (不能忽略當你仍然有工作收入時，中途持續投入新資金投資，資產的增長其實會更快)。

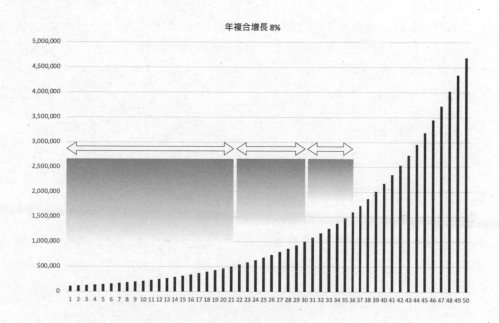

年複合增長 8%

- 當資產是 10 萬港元，每年回報是 8,000 港元。
- 當資產是 50 萬港元，每年回報是 4 萬港元。
- 當資產是 100 萬港元，每年回報是 8 萬港元。
- 當資產是 150 萬港元，每年回報是 12 萬港元。
- 當資產是 200 萬港元，每年回報是 16 萬港元。
- ⋯⋯
- 當資產是 400 萬港元，每年回報是 32 萬港元。

第21年到達50萬港元，第30年到達100萬港元，第36年到達150萬港元。因為資產和時間的關係如反拋物線，當資產到達一定規模，資產增長以金額計就會感覺加速，而且增長速度越來越快。

如前文提及，很多人對投資有各種擔心，即使口中常常説著投資計劃，心中渴望達到財務自由，卻遲遲未去學習或者開始實踐，等待的時間也是機會成本，時間是長線投資令到資產成長的一個重要因素。

堅持走到目標

我的第二個心得，是在時間的推移過程中，需要耐性和堅持。

投資的過程很多時候都是漫長和孤獨，面對市場下跌，可能更要面對不少四週出現的反對聲音，如何堅持？要明白，你投資不需要別人認同，而是建基於數據、理念、和市場理解，投資的對與錯，市場自會驗証並給出答案，不是由別人去決定。當全部人都一面倒認同某一個投資，反而要特別小心。

投資所需要的耐性和堅持，其實和耐力運動差不多。80年代，已經達到奧運水平的香港公路單車運動員洪松蔭，曾經七年內，做過50幾份工作，被人奚落而毫無怨言。他放下運動員身份，走入職場轉型，到由零開始發展自己的興趣跑馬拉松，不斷接受改變，挑戰自己。他曾在訪問中，提及如何完成自己心中夢想的過程，他的答案精確而簡潔：「目標＋行動＋堅持」。

沒有目標，很容易白白浪費光陰。

有目標，沒有行動，是空談，是廢話。

有行動，沒有堅持，多數會因為遇上困難而放棄。

我理解以上亦是投資過程中的重要部份，具有方向性的執行力，才能堅持直到獲得成果。

說起投資，很多人喜歡總喜歡回望過去：如果那一年xxx未升之前買入就好了⋯⋯不如換上另一個角度，如果心中有一個投資計劃，不是昨天，不是明天，其實今天就是去開始實踐的時機。

第二部份：工作、過渡

投資是個人各方面的總和，
工作是個人成長的練習場地。

第四章：走在 FIRE 路上

4.1
工作和財務自由並非對立

來到本書的第二部份，我會分享自己在工作中的一些經歷和經驗，我和你的工作性質、處身的工作環境未必相同，不過背後的思考方法都有共通之處，可以作為一個參考。

很多人渴望財務自由，最大原因就是不想工作，因此令人感覺「工作 VS 財務自由」，兩者是勢不兩立，互相排斥，但我的看法並不如此。

由工作能力到投資能力

進入職場工作是大部份人的人生必經階段，其實當中亦有苦有樂，在未抵達財務自由目的地以前，是否可以透過工作去改善財商，或者幫助自己投資，兩者做到相輔相成？

• 努力工作，爭取較高職位或者薪金，加大投資本金

• 更加了解商業世界的運作

• 工作中鍛練思考能力、處事能力、EQ 情緒管理

• 令個人更加成熟

- 工作上的專業知識，有機會應用在投資或選股(例如：過去在金融機構IT工作，對我自己投資科技股有很大幫助)

投資是個人各方面的總和，透過工作是可以提升個人，自然都可以對投資有幫助。做到融滙貫通，把工作中的能力，轉化成投資的能力。

相反如果一個人的工作表現很差，甚至弄得一團糟，是否可以在投資上做得很好？值得思考。

工作如同「管理自己」

工作需要經營，不只是每天埋頭苦幹去做眼前的工作，而是去「管理自己」：

1. 有沒有為自己定下短期和長期的目標，然後逐步去完成？

2. 要完成目標有什麼先決條件？

3. 在過程中遇上很大的困難和阻滯，如何去面對和解決？

4. 如果覺得今日的工作沒有多人價值和意義，可以思考是否可以透過進修和轉職，去改善或者提升自己在工作中的價值。

5. 又或者接受更大的轉變，轉換行業領域，尋求更好的發展。

6. 甚至考慮創業，可以邊打工邊創業，或者由打工轉為創業(不過要衡量創業的風險)。

以上的第4-6點，是涉及解決工作中的問題的執行能力，需要作出改

變，尋求改善。工作中可能遇上惡劣的工作環境，可能遇上合不來的上司和同事，可能遇上巨大的工作壓力，需要為工作「止蝕」去轉職。換上另一個角度，你的遭遇同時鍛練了你的逆境處理能力，培養你的堅持與耐性，每次面對新的工作環境、新的困難，同時亦是加速自己成長。

其實在長線投資的過程中，同樣會遇上各種問題，投資計劃隨時可能因為環境而改變，需要專注力和執行力去解決。投資會遇上的問題和困難，可能比工作上的問題更多更難，如果你在工作上的問題無法作出改善，如何可以期望妥善處理投資？

工作是個人成長的練習場地。

需要管理的是人生

工作是管理自己，個人投資更加需要管理，管理好自己的資金和資產，管理整個投資組合。你的工作如基金經理，服務的客戶只有一人，就是你自己。你管理的是自己一生人的儲蓄，責任重大。

你是否有周詳的投資計劃，投資計劃中是否包括短期和長期的目標？每個投資決定是否出於衝動、憑感覺？還是有足夠的理性基礎？面對錯誤時，有沒有去檢討自己？有沒有為自己的投資決定負責？有沒有做合適的支出安排？如何配合自己的人生成長歷程，例如：結婚、置業、生兒育女、移民等……有沒有管理好自己的投資，到一天你總要面對自己，向自己交代。

當你仍走在通往財務自由的路上，應該藉工作好好提升自己、管理自己，這是你財務自由過程中的一部份，或者是一種過渡，是沒有抵觸。

當你的工作能力及投資能力提升，資產累積到一定規模，達到財務自由，自然有權去選擇是否工作或是做什麼工作。

從生活到工作，到投資，到退休，一路上，你都在管理你的人生。

P路過一幢商業大樓，看到一條長長的人龍
幾乎排到門外，他好奇一望，剛好升降機門
打開，人們立即一擁而入。

P想起一段往事，腦中浮現一個字：
「Victimize」。

4.2
培養解決問題的思維

多年前，在公司進行過一次公司內部培訓，內容是關於企業文化 (Corporate Culture)。其中提到一個字「Victimize」，當遇上問題，人會把自己定義為受害者。

例如一個人出席會議遲到，會去解釋原因，理由可能是：

* 在辦公大樓裡，太多人排隊搭電梯。

* 之前的會議一個緊接一個(back-to-back meeting)，在上一個會議中，有些人講得太長了，導致會議超時。

* 前往辦公室的路上塞車⋯⋯

「把自己定義為受害者」，然後自己的角色就成為被動，錯不在我，責任不在我，別人才是引起問題的源頭，麻煩別人先把問題處理好，一切就解決了。

在工作環境中，一件事情的發生，很多時候是混合了多個不同的原因，重點不在於自己是否受害者，而是應該嘗試去想想，有沒有什麼大大小小的東西可以做？或者可以幫助解決問題，即使只是解決一部份的問題，例如：

- 太多人搭電梯，可以選擇行樓梯，或者預留多點時間等電梯。

- 之前的會議中有人講得太長了，可以考慮自己早一點離開。

- 返工交通擠塞，考慮早一點出門口，或者使用不同其他交通工具，看看有沒有改善。

另外，有時這涉及到一種「投訴文化」，要求別人去尋找解決方法，去為我解決問題，自己就可以致身事外。例如投訴電梯等候時間太長，投訴交通班次不夠……不會嘗試自己去想想有沒有解決方法，想想如何可以把情況略為改善。在工作上，「解決問題的思維」，是最需要練習的其中一點，對投資會有很大幫助。

對自己的投資負責

當投資遇到虧損，多數人會把原因歸納為：政策、通脹、加息、聯儲局、莊家操控、大戶造市、信錯別人推介……和剛才職場上的情況相似，把自己定義為問題的受害者，自然自己沒有東西可以做，以為心安理得，其實結果是阻礙自己進步。

投資涉及很多種不同因素的考慮，要自己作出選擇和決定。這些因素包括各種不同情況發生的可能性，甚至包括不應該發生的情況，是風險的考慮。投資決定包括的範圍很廣，例如：投資原因、何時投資、投資注碼、選擇投資市場、選擇投資產品、甚至不投資都是一種選擇。

你可以選擇成為受害者，說著如果不是信錯 yyy 我就不會輸了……但這種心態會令你距離財務自由愈來愈遠。投資者需要對自己的所有投資決定負責，即使犯錯，也願意去反省和檢討，尋求方法去改善自己，希望下次做得更好，才是一步步向終點前行。

4.3
升職加薪的心態

每個人初入職場，都會期望將來升職加薪，而隨著年紀增長，在不同人生階段中，會多了不同的考慮。本章節會分享我的一些個人經驗和思考，大家可能不是如我在 IT 行業工作，不過處境和重點其實都是類似，在不同時間有不同關注，重心由工作到家庭，再到關心個人層面。

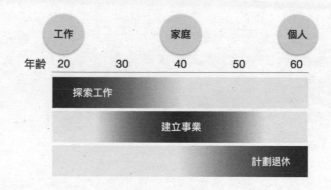

由開始工作，到建立事業，在建立家庭後，就會在職業中尋求工作與家庭生活的平衡，尤其是在香港的工作文化上，長時間工作和家庭之間成了一種無形角力。最後就是計劃退休。

初入職場的探索期

在香港大學畢業後，到一間銀行的IT部門工作，可以説是人生中的工作探索期。

初入職場，在工作環境中，很多新鮮的事物、知識、技巧要學習，同時對自己都有要求。當時是90年代，金融和IT行業都可以説是擴展時期，由最初級做起，大概幾年可以有一次升職機會，由最初級程序員(Programmer)，到主任(Supervisor)，到助理經理(Assistant Manager)，到經理(Manager)，都可以保持有持續性的加薪。

停滯不前的迷惘期

由銀行轉到保險公司，之後角色由系統經理(Application Manager)到架構師(Architect)，新的工作環境加上新的工種，都是需要適應，都是一種壓力。升職加薪步伐漸漸放慢下來，自己漸漸到了較高職級，升職機會相對較少。另外IT行業越加採用外判模式，IT部門人數規模不像以前般快速度擴張。

個人人生階段也有轉變，由結婚到有兩個兒子，生活支出增加，對自己的收入有更高的要求。

這時期存在著兩個對立面，想去探索工作中更多的發展，但又感覺停滯不前或者迷失。

明白加薪比升職重要

在架構師工作上累積一定經驗，工作上了軌道，不過升職不是一般容易。這個職能在IT部門內的人數不多，自然不會是個大團隊，相關同事可能分兩級，在上或者有組長(Team Head)甚至無。

很多時我直接的上司是IT部門主管(Head of IT Department/Chief IT Officer)。

我和上司之間很多時沒有組長(Team Head)，但是我負責帶經驗比較淺的同事，實際同時負責整個IT部門的相關職能工作。

如果要求升職，就是要求我做我的上司的工作，這不是我的想法。個人方面，面對家庭和小朋友，希望可以投放多一點時間，加薪其實比較升職重要。相反，升職通常連帶更多的責任、工作量、壓力，可以投放在家庭的時間和精神都會減少。

自己的心態漸漸改變，做父母的可能明白，不升職，加薪才是更實際，直接幫助到生活支出和儲蓄，又可以多點時間陪伴家人。不過那時期加薪幅度相對差，有幾年甚至沒有增加。希望有較好的待遇，我的方法是透過轉工，可以試試看自己的能力和市場價值，每次轉工大概可以有約10%薪金升幅。在不同公司工作，都是擴闊自己眼界，增加自己對不同環境的適應能力。由於後期近10年主要都是做保險公司的IT架構師(Architect)角色，是相同的商業性質和工種，工作中負責的範圍比較一致和專注，容易做到融滙貫通，新公司都會認可我的這些經驗，自己亦比較容易適應。

薪金就是你的投資本金

工作了一段不短的日子，基數大了，薪金的數字增長是複式效果，同樣的百份比%增幅，薪金在數額的增幅都會大些。以上帶來的儲蓄增加，

加上認真學習投資，漸漸見到投資方面改善，一直前行，直至2021年退休。

所以我的感受是，如果想提早達成FIRE，關鍵是儲蓄有道和投資有道，當中就需要你好好經營自己的工作，以及取得平衡：

• 投資的本金增加(來自工作薪金，需要努力工作的同時，亦希望和照顧家庭之間取得平衡，及避免過度工作引致身體和精神的健康問題)。

• 回報較為理想(提升個人能力的同時，也提升了投資能力)。

金錢不可以解決所有問題，但是的確能解決生活中很多實際的問題。欲速則不達，要求把時間縮短的同時，做到適當的平衡是十分重要，以避免得不償失。

這趟旅程中，P結識了不少新朋友，今天他們相約吃午餐。較年輕的朋友拿起一片薄餅，說自己去到不同餐廳，每次都是吃薄餅，下次要不要試試轉換口味？較年長的朋友咬了一口薄餅，搖搖頭，說發覺只有自己開餐廳，才可以做出令自己滿意的味道。

P提議下次到他的餐廳捧場，朋友說早就結束營業，不是因為生意欠佳，反而是需要招待太多客人，太辛苦了，於是決定退休，回家煮飯好了。

P望著薄餅，覺得生涯規劃好像去餐廳用膳，他一邊聽朋友分享，一邊在思考自己未來的方向。

4.4
生涯規劃和轉職

在上一章節分享我的個人經驗中,會見到我有多次轉職。轉職有很多不同原因,追求更好的薪金是最直接和最實際的目的,如果用「經營你的工作」的角度,基於不同的轉職情況,可以有更加長遠計劃的視野:

● 轉換新工作:很多時候因為和上司合不來,不過轉換新工作其實不代表必定可以解決問題。在不同的工作環境,你都仍然可能遇上「不適合你」的上司,這只是解決短期的問題,未必可以解決長期的問題。

● 轉換職位:在相同的行業中,可以轉換工種,需要多一點勇氣去踏出這一步,作出改變。

● 轉換行業:這是更大的改變(改變有程度之分,由飲食業轉到銀行業是大改變;由煮中菜轉到做西餐是相對較小的改變)。

轉職的各種情況考慮
關於轉換職位/行業,都會比純粹轉換新工作有更長遠的影響,改變是有風險,但同時可能帶來更多的發展。

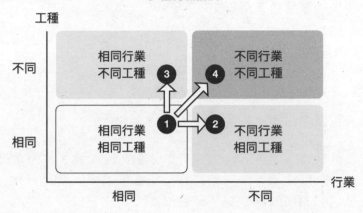

多種轉職情況

從(1)到(1)，相同行業，相同工種

這通常是在轉工中最安全穩陣的做法，一般人想到轉工的最直接考慮。

如果純粹著眼薪金的增加，或者遠離現有上司和同事，往往轉工只能處理一刻短期的問題，而未必解決長期個人發展的問題。當換轉為較長線的眼光，接受改變，有可能帶來更好的發展，這個著眼點不是轉工，而是生涯規劃(Career Planning)，是一個長期的計劃。

從(1)到(2)，不同行業，相同工種

有一定程度的學習過程。

由於行業不同，涉及學習不同行業的商業知識，同時又視乎行業和行業之間有無共通之處。如果有相關的課程或者考試，可以考慮預先報讀或者完成。

例如：原本的工作是廣東菜的廚師，轉做上海菜的廚師，雖然菜式不同，但有些技能是共通而用得著。

從(1)到(3)，相同行業，不同工種

有一定程度的學習過程。

不同的工種涉及不同的技能，如何可以令對方接受錄用你？如果你自己預先完成一些課程或者考試，可以增加機會。另外一個可行性比較大的方法，是透過公司的內部調職，因為現職公司比較清楚知曉和相信你的能力，而且你熟悉公司內的環境及運作，都會比公司從外部另外聘請一個新人較有優勢。

相同行業，行業的商業知識仍然用得著。

從(1)到(4)，不同行業，不同工種

學習過程有最大的難度。

不同行業涉及不同的行業知識，不同工種涉及不同的技能。如果有相關的課程或者考試，可以預先報讀或者完成。但你在選擇工作，工作都在選擇求職者，你需要衡量你是否有過人之處，你沒有相關經驗，為何會比其他求職者優勝？你可以為新僱主提供什麼？或者要考慮降低自己的薪金要求。

即使被聘請錄用，預計要花特別多氣力去適應。

思考——找出你的興趣和方向

我在工作生涯中，除了正常的轉工，還經歷過以下的的轉變：

1. 從(1)到(2)，不同行業，相同工種：由銀行轉到保險公司，都是IT部門的工作。銀行和保險公司都同是金融行業，我自己喜歡比較在較集中的範圍中浸淫。亦有人喜歡在不同行業中吸取經驗，沒有一個絕對的做法。無論如何，不要忽略行業的知識，將成為你的職業生涯中的賣點。

2. 從(1)到(3)，相同行業，不同工種：在保公司險的IT部門透過內部調職，由系統經理(Application Manager)轉到架構師(Architect)。這次我是改變工作職位和工種，認為更適合自己的興趣，及期望有更好的發展機會。

兩次轉變中都遇上不少困難，不過都是加速自己的個人成長，事後回看，接受改變是正確的決定。

生涯規劃當然愈早開始愈好，但有時只能邊摸索邊前行。例如我在1990年大學畢業，當時互聯網未流行，沒有智能手機，沒有雲端服務，未有AI成熟應用，甚至未有架構師(Architect)這個職位。開始時可以知道的是有限，可以計劃的都只是大概，一面工作，定期檢討，慢慢找出自己的方向。同時興趣都是一個重要考慮，在困難和低潮時期，能驅使自己堅持和繼續努力。

4.5
突如其來的「肥雞餐」

上一章節分享過我的轉職經歷，但其實在我的整個職涯中，有一次最重大、最突然的轉變——「食肥雞餐」。

2022年，各地都傳出裁員消息，科技公司是重災區，例如：微軟、Meta 等，被認為是科技企業在疫情期間過份樂觀，過度擴張發展所致，希望以上問題，與正在閱讀的你無關⋯⋯

但回顧自身經歷，一次突如其來的改變，同時可能是一個機會，為人生帶來突破。

Thank you, Goodbye⋯

自從大學畢業，第一份工作在銀行做了16年多，最後「食肥雞餐」，離開。

現在説來輕鬆，但當年面對劇變，真的覺得人生好像在跟我開玩笑。當時我早已習慣原來的工作環境，根本已很長時間沒有轉工的考慮，加上小兒子剛剛出世不足半年(大兒子當時是兩歲多)，十分需要工作中的穩

定性。快將踏入40歲，突然失去工作，前路充滿不確定性，不斷反複去質疑自己：會不會從此找不到工作？會不會工作生涯完結？會不會被迫退休？充滿負面情緒，承受著不輕的壓力。

工作的最後一天，下午我發完電郵(Thank you and goodbye email)，丟掉垃圾，收拾完細軟，上司説我都沒有事可做，可以早點離開公司。

下午三時左右，我去了公司附近的戲院，獨自看畢比特主演的電影《巴別塔》("Babel"，電影講述摩洛哥、墨西哥、日本三個國家的幾段故事，因為一宗槍擊案而巧合地關連起來，暗喻人與人之間的溝通和偶然。這就好像我們在人生中的遭遇，很多時都是一種偶然？)。在戲院中黑暗的座位坐下，手中拿著汽水爆谷，等待電影拉開序幕……心中不其然在想，現在應該是正常辦工時間，這個Last Day的安排其實真不錯，是完成十多年工作的一個句號。

一天見了三個「Andrew」

離開原本的工作崗位，剛剛是舊歷新年期間，順便當作放假，到新年過後，就收拾心情，重新上路找工作，這一天到了中環……

早上去見第一個Andrew，他來自招聘公司(Recruitment Agency)，我是看南華早報見到這個職位空缺(當時互聯網已經有招聘網站，不過仍然有人如我買報紙看招聘廣告。我申請的這個廣告不是來自僱主，而是來自招聘公司。其實我寄出了不少實體求職信，不過這是第一個和唯一一個有回音的……)。早上我到了他的中環辦公室，算是Pre-interview，跟真正僱主見面前的預先面試。最後，就是這位Andrew成功幫我找到新工作。

中午去見第二個Andrew，他是我的好朋友，相約在中環大會堂的餐廳吃午飯，什麼都可以談，藝術、建築、電影等，一頓十分愉快的午餐，可以放鬆心情，暫時拋開求職的壓力。

下午去見第三個Andrew，他是一個十分有經驗的人力資源顧問。這是離開舊公司時的安排，讓我來這裏參加工作過渡計劃(Job Transition Programme)，算是一個細心的安排，能幫到當時已有一段長時間，沒有踏入求職市場的我。除了參加講座，內容包括：寫履歷、求職信、面試等注意事項，之後還有 1 個月的「售後服務」，約見Andrew就是為了討論未來的面試，聽取他的意見。

事後回看，三位Andrew就像向當時處於「低谷」的我伸出援手，助我度過困難。好像在適當時候，人生會為自己「派糖」，打打氣。

人生就是有驚喜

大概在我離開舊公司約兩個月後，我入職新工作。事後計數，當初離職的「肥雞餐」是要求我立即離開，還支付了3個月的薪金作為代通知金，實際上我是有賺了。這筆現金，我拿出一部份去還清當時自住物業的按揭，藉此機會，個人負債改善了，是不是就像「塞翁失馬」？

從習慣工作了十多年的銀行，轉到新保險公司工作，雖然都同樣是負責IT的系統經理(Application Manager)工作，但一時之間有很多不同方面要適應，不是容易的過程，包括：新的公司、新的知識、新的工作環境、新的同事等。跳出舒適圈，經歷困難和壓力，同時學到很多新的東西。

同一時間帶來了新的工作發展，兩年多之後有機會透過內部轉職，轉

到做架構師 (Architect) 的工作，發現原來這才是自己最喜歡的工作性質，可以多做科技研究和設計相關工作 (這和現在研究科技投資，寫網上文章和寫書相似)。同時令自己在一個偶然的機會之下成功轉型，在之後約十年的轉工中，大部份時間都是在保險公司中做架構師工作。

到現在退休後回看，體會就更深，IT人的技術層面只是工作中的一個部份，還有不可少的是商業知識和觸覺，我一直在金融機構中做IT工作，可以説是非常集中，由銀行轉到保險公司，當中所累積到的經驗，對我整個職涯中，再找工作都是有一定好處。

當中還有一個小驚喜，在離開第一份工作的十年後，在一次機緣巧合之下，竟然返回到舊公司工作了幾年，始料不及，感覺很神奇。

有時候前路受阻，好像門被關上，但上天往往會為你打開另一扇門。

有捨，總會有得

面對突然其來的改變，人的第一個感覺通常不好受，我都有過這種負面感覺。最初離職時，覺得上天在開玩笑，擔心工作去向，壓力很大……

然後勇敢踏前，去找出路，在新工作中又遇到各種困難，仍是繼續踏前，去找出路。

面對改變，一刻的負面，可能又帶來更多的機會，可能學到從未接觸過的新事物，有得著、有進步。

放開手，放下一些東西，又會得到其他一些東西。

4.6
由裸辭到財務自由

由「食肥雞餐」到找到新工作，到抵達FIRE，期間我在2016年和2020年經歷過兩次「裸辭」。

第一次「模擬退休」

2016年初，經過內地 A 股溶斷，港股投資市場不景氣，股市大幅波動，市場情緒悲觀到不得了(不過之後回顧才知道那時正是股票市場見底之時)，而我在2016年中裸辭，似乎不是一個適合裸辭的時機？但當時自己剛剛建立投資組合，想在沒有工作之下，當作一種訓練，無論是在財務安排和投資操作上，還有更重要的是心態，可以當作模擬未來的退休階段。退休之後的長時間，其實必定會遇上投資市場和經濟轉差的情況。日常生活上亦是，安排好自己一個星期的活動，例如：去戲院、跑步、出外拍照等，投資和生活都是一種心態。

不過，當時自己畢竟和退休階段還有一段距離，後來還是回到了職場。

第二次「模擬退休」到正式退休

2020年中裸辭，資產大概到達財務自由門檻，很接近決定退休與否的十字路口。這次裸辭前，我思考了一段很長時間，考慮應否繼續工作，還是提早退休？但可以再儲蓄多一點，比當時的資產再累積多一倍就更加安心，沒有錯，應該說永遠不會有錯，不過如採用此邏輯，其實甚至永遠工作……

第二次裸辭，投資組合規模增大了，和第一次裸辭一樣，繼續使用「模擬退休模式」運作，包括投資和生活都是。裸辭中的「模擬退休模式」有一個好處，可視作「系統測試運行」(Test Run)，是一個壓力測試，令自己在未來退休時比較容易適應，包括各個方面都是。

大約休息了9個月，之後在新的工作上班了一段短時間，終於敲定及執行了退休的決定。其中一個主要因素，是媽媽剛剛做完骨折手術出院，我認為和家人一同分擔照顧，會是一個較合適的決定。

「金錢」與「價值」的意義

第二次「模擬退休」的9個月期間，我不斷去思考未來的生活問題，如何增加被動收入，退休後可以做什麼、為什麼而做，這是關於生活意義的問題，尤其重要，是很實在的核心問題，因為退休後的時間軸可以很長。如果退休後，自己沒有想做的事，那為什麼要退休？

於是看了不少網上KOL/YouTuber的分享，發現多位都不約而同地提及同一個重點，就是首先忘記流量和被動收入(廣告)這些東西，只管盡量去分享自己有興趣和覺得對別人有用的東西，可以為別人帶來價值，隨後自然會帶來的機會和收入，就好像收到雙糧花紅(bonus)，是副產品。

這基本上解答了我那段時間一直思考的問題，找到了自己認為有價值的事，可以隨心去寫網上文章、到後來寫書等。

退休之後更加覺得，比較容易整理出自己的思路，很多時當需要做決定，我會先忘記金錢的因素，因為如果在沒有金錢回報的前題下，自己仍然想做某件事，那就應該是自己真正的興趣，自己真正想去做，對自己而言是最大的價值，而且通常可以給予自己最大的動力。這個選擇到決定的過程，也可以認識自己更多。

到達真正的自由

由工作和投資，走到財務自由、提早退休，有時在旁中眼中，覺得看似一帆風順，但大家從我的分享中，都會見到無論是在投資，以至我的工作生涯中，都經歷過各種的起跌與困難，走來路上並不容易，只有在抵達目的地後回看，才發現也沒有那麼難。希望我的經歷，也可以作為對大家的鼓勵，如果你正走在通往財務自由的路上，覺得困難都是正常，但只要堅持踏前，最終會有贏得自由的一天。

財務自由，不單單是財務數字，亦不只是投資心態，還有很大的部份，是了解自己，回應自己的心靈需要，人才可以得到真正的自由。

人生充滿很多可能性，除了重大的決定，有些事就讓隨機性去運作，在機緣巧合之下，相信可以碰撞出更多有趣和有意義的東西。

生活要有計劃，但不要為了計劃而生活。

第三部份：工作、過渡

你是否還記得，年輕時的夢想？

5.1
真正壓力測試的開始

在本書的第一部份，訂下了一個長線投資的計劃，以財務自由為目標，但當你真正達成FIRE，退休之後，投資計劃仍然運行中，是你真正壓力測試的開始。

1.當你仍然在工作時，透過儲蓄和投資，令到投資組合規模壯大。

2.退休之後，沒有工作收入，需要令到投資組合繼續運作，以支持未來的生活支出。

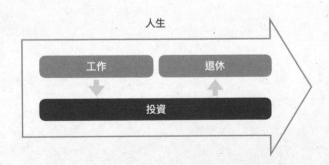

雖然在制定計劃時，應該已包括了第2點的考慮，但由於時間的不確定性，造成計劃上的困難。假設大概20歲開始工作，到 55-60 歲退休，

退休之後可以活到大概90歲，退休生活的時間長度和工作的時間可能差不多。如果提早退休，加上醫學進步令人更加長壽，投資組合需要支持退休生活的時間就會越長，可能遇上的變數越多，風險越高，加大了預先定下計劃的難度。

盡量令計劃趕上變化

為盡量令計劃趕上變化，最好包括以下考慮：

- 無論是依靠派息或者是賣股，必須考慮企業的增長。如果企業只維持固定的派息金額，今天的被動收入足夠支持生活支出，長期之下可能因為被通脹蠶食而變成入不敷支。

  在選股時候要用心研究企業在收入和盈利是否可以持續增長，不一定每年都增長，但是長期的趨勢是增長。這個不是過份要求，企業隨著通脹，應該可以提高產品或服務的售價，加上控制好成本，化為收入和盈利的增長，派息和股價都有機會增加。如果企業無能力做到，需要思考是否值得投資。

- 如果是採用賣股方式，保持1-2年生活所需要的現金，以增選擇適合時機去賣股的彈性，以免在跌市中被迫賣股。

- 以4%法則計算出所需要的資金，在計劃時或者把這個資金目標增加到1.5x或者2x，目的是提供多一點安全網，應對未來的不可預計的各種風險。

- 做好充分心理準備，面對未來經濟週期和投資市場週期的起跌，這些因素可能影響企業的收入和盈利，繼而影響股價和派息。由於退休

後，投資組合要運作數十年的長時間，肯定會遇上這種週期性因素，形成心理壓力。做好心理準備是一種預演，希望可以增加情緒管理能力。相反，情緒波動反複，容易做錯投資決定，引起更大的問題。

提早預演退休後的投資操作

建立投資組合之後，自己已經開始考慮如何令組合可以在退休之後，繼續暢順地運作下去。方法就是在仍然工作時，以貼近退休後的投資手法去操作，算是預演，如此可以在比較安全的情況下，去測試自己心目中的想法和做法。

- 將來由工作過渡至退休，不需要突然大幅度改變自己的投資操作手法。突然大幅度改變手法是一種風險。

- 由於自己投資的美股科技股派息不多，因此定期賣股會成為計劃中的退休後常規操作。要操作成立，首先是選股的能力足以選出真正優質的企業，股價可以做到持續增長；其次是在增長的過程中，股價是有波動起伏，自己有沒有能力去駕馭這種波動。

- 我是偏向大部份時間，把超過90%或以上的大比重資金放在股票投資，不會因應市況去大幅調整股票投資和現金的比例。缺點是在跌市中完全承受跌幅，優點是確保資產的複式增長連續性。這包括在財政上及心理上都需要有足夠準備。

在2016年建立投資組合，到2021年中退休，中間有5年多的時間去測試並遵循此做法，其間經歷了2018年和2020年的美股下跌。當2021年真正決定退休時，對退休後計劃的操作比較有信心。

心理質素非常重要

2021年中退休，大約半年之後遇上美股嚴重的跌市，2022年下跌接近一年，媒體紛紛報導是美股數十年來最嚴重的熊市，投資組合在2022年度是負回報-57.4%，即是下跌超過一半，這亦是我自建立投資組合以來，是一年中最大的下跌。不過隨著投資經驗增加，都明白到大跌市其實是很頻繁，約兩年就有一次，經歷多了，自己的心理質素都有提升。事前盡力做好計劃和準備，自己有預先準備1-2年生活支出現金的安排，股市下跌其實沒有影響到生活，雖然下跌的過程中都會感到壓力，但是可以承受的程度。

可以說退休之後面對投資市場下跌是最大的考驗，是真正的壓力測試。經歷過考驗，才知道方法是否可行，有什麼可以優化。換另一個角度，沒有經歷過熊市，財務自由計劃是不完整。有了這個想法，面對跌市時會比較正面，這是令到計劃走向成熟。

「年度負回報-57.4%」的數字看似十分嚇人，但其實對投資組合的影響沒有想像中大。因為持股不是在股市見頂才大幅買入，而是在5年多時間裡分段每月買入，當2022年股市跌至最低點一刻，投資組自建立以來的長時間整體仍是正回報，這是長線投資和持續投資的重要性。

2023年美股股市慢慢回升，收復了大部份失地，到2024年第一季時，投資組合超越過往的高位。所以自己能否駕馭股市波動，會否見到大跌市或負回報時急急賣股，心理質素是很大程度地影響投資回報。

退休後必要支出部署

無論如何預計，未來都有不確定性，會有意料之外的支出，但一定重要及必要的開始，還是可以預先安排。我在此分享自己的真實經驗，關於

退休後的一些必要支出安排，大家可以作為參考，尤其是從風險角度出發思考。

自住物業的重要性

一直沒有考慮購買物業作為投資，只有自住物業，多年前已經還清按揭。所以退休後沒有因為供樓或者支付租金而來的壓力，這是盡量除去退休後由不確定因素而來的風險，例如：加息、租金上升。

常做運動減醫療支出

我比較注重醫療類的保險是危疾保障(Critical Illness)，萬一染上危疾而所需要的醫療支出不輕，有可能完全拖垮你的投資計劃。購買保險是一個有效去控制風險的方法。

對於門診和可能的住院支出，自己沒有十分擔心。過去十年，慢慢養成恒常做運動的習慣，例如：行山、跑步，這類帶氧運動有助提升身體抵抗力，染上一般傷風感冒都少，以及減低患上都市病如「三高」的機會。

年紀越大，身體出現毛病的機會率越高，有健康的身體可以減少醫療支出的壓力，有健康的身體才可以令自己輕鬆地享受退休生活。健康就是財富，投資自己的健康是最好的投資。

子女教育基金「主權移交」

我有兩個兒子，在他們剛出生不久，已經為他們購買保險公司的教育基

金，供滿之後在兒子10幾歲時，已經各自收回一筆6位數字的現金，足夠在本港升讀大學課程(如果子女有意在外國升讀大學，情況就不一樣，需要另作考慮)。

對比教育基金，可能自己儲蓄和投資會有更好的回報，當然都視乎各人的投資技巧。另一個更加實在的問題，在子女剛剛出生的首幾年，父母都十分忙碌，不容易去騰出太多時間研究投資。選擇教育基金可以用被動方式令自己有紀律地儲蓄，雖然回報不一定是最高，不過是比較實用的方法。

在大兒子滿18歲時，我和太太做了一個安排，把以上這筆資金「主權移交」，讓兒子為自己在大學時期的所有日常支出負責，包括：學費、宿舍租金、交通費、購買衣服、吃飯等，要他了解自己的帳目，學習管理個人財務。可能有些人擔心，年青人會花錢，或者有過度消費的情況？每個人的情況不同。我們的做法是，兒子滿18歲自行開了銀行戶口，先轉帳一小部份資金讓他自己管理，應付日常開支，其餘大部份資金暫時由太太管理，做定期存款等，並從旁觀察兒子的使費。

以上是給年青人機會去學習理財的第一步，而「主權移交」對我自己的財務自由計劃還有一個好處，情況好像將子女的大學教育開支「外判」，我不需要每天去計算這些支出，財務管理更加輕鬆一些。

思考──「增長」是最重要考慮

在提取生活開支方面，我在退休後有執行定期賣股的操作，不過如之前提到，因為早已預留1-2年生活所需要的現金，所以在賣股的時間上比較有彈性，不一定每年一次。

但再次強調，即使你投資收息股，打算定期提取股息應付生活開支，仍然應以選擇會增長的企業為重要考慮，自然長遠股息和股價都會上升。即使退休之後沒有了工作的主動收入，企業的增長會令投資組合保持不斷成長，往後持有的過程就會越來越輕鬆。

P 駐足在一個攤販前，望著一件掛飾，覺得媽媽會喜歡。

價錢牌上的銀碼不大，但在 P 眼中，數字與掛飾的價值不相符。

衡量著金錢的意義，想起母親的笑容，於是不自覺地笑了，掏出錢包。

5.2
提早退休的決心

之前談及自己第二次裸辭時，內心都有過掙扎，不如決定提早退休？但如果再工作一段時間，累積多一倍資產就更安心……投資當然是為了回報，但一直追求投資回報，有時候會迷失，可能忘記了投資的原因和動機。

我比較少和身邊的人談及投資，除非大家是同一頻道、合適的溝通對象，否則心中常有一種掙扎的感覺，覺得「投資」這話題，最好避而不談。

不投資的人，常會認為別人投資是因為「貪錢」，或者認為投資如賭博，尤如去賭場「買大細」碰碰運氣，是不勞而獲的表現。相反，讀書考試、考取資格、努力工作、辛苦創業、用心做生意，往往不會被視為貪錢，甚至認為是很上進，為社會帶來意義和價值。

投資的意義和價值

投資，能為社會帶來意義和價值嗎？

不排除有些聽信「貼士」就胡亂投資的人，是真的抱著不勞而獲心態，或者短炒投機，只求在最短時間之內完成交易，賣出而獲利，全身而退，從來不期望去擁有股票，即公司。

真正的長線投資者可以理解為「資金配置員」，把有限而珍貴的資金配置到優質公司，這是要用時間和精神，透過用心研究，然後真金白銀去投資，是以付出換取回報的行為。如果是第一手市場，即是 IPO 上市，投資者付出的資金，令到上市公司可以集資，公司提供好的產品和服務，有利於社會；如果是第二手市場，資金則為投資市場提供了流動性，令到投資市場可以正常地運作。長線投資者以公司經營者的心態，期望公司會成長，透過長時間持有而得到回報，見到的是公司內在的價值，而不是股票表面的交易功能。投資者和被投資的公司，如合伙做生意，是共贏。

至於個人層面，除了回報以外，投資對我還是一種興趣，有金錢以外的價值。我自己的投資，買的主要是科技公司，用心去了解科技產品和研究科技公司，覺得都是一種樂趣。我見到設計得好的產品和系統，會感覺興奮，欣賞好的設計、欣賞好的科技策略、欣賞好的科技公司管理手法，這是和自己的 IT 工作背景有關。自己的投資邏輯、選股思路，作為一種知識，可以與人分享都是有價值的事。

滾大資金的下一步

要不要提早退休，抑或累積多一倍資產才退休？每個人的答案都不一樣，但你要先了解自己，問自己「投資究竟為了什麼？」

當然是為了資產增值，但其實這不是一個答案。滾大了資金，可以如何運用？金錢可以是人的工具，而人不是金錢的工具。

馬斯洛人類需求五層次理論 (Maslow's Hierarchy of Needs)，用金字塔去表達不同層次的需求/追求。由底層到頂層，由生理，到關係和社會性，到個人追求的意義或心靈層面。

生理需求，基本生活需要是很實在，吃得飽、穿得暖、有安全居所，否則生存都成為問題。不過這些需要，在動物世界都一樣存在，只是出於本能。人之所以不同，其中一大因素是高度思考的能力，否則根本不會有以上這個人類需求金字塔理論。

動物的行為主要出於本能，人有高度思考的能力，可以成為我們的行為的驅動力。人在現實世界之中存在和活動，不單是與現實世界互動和操

作，同時觀察自己的操作，繼而觀察自己的觀察，近似從天上去俯瞰自己，這種觀察就是思考的自我超越。

當滿足了一個層次的需要，人就會往更高的層次去追求。金錢可以解決金字塔中較為底層的需求，但未必可以解決較為頂層的需求。

如果金錢就是一切，理論上有了金錢就解決了所有需求。但其實不能，有人可能有足夠金錢支持物質生活，但仍然覺得生活很空虛。

「25 號宇宙」

在60年代，美國生物學家 John B. Calhoun 在馬利蘭州進行了一系列的實驗，為老鼠建造了一個老鼠烏托邦，實驗人員提供無限供應的食物和水，使老鼠遠離疾病、氣候、掠食者。這個天堂名為「25號宇宙」。

實驗的最初期，因為馬利蘭州被老鼠肆虐，Calhoun 在政府工作，工作的內容是研究老鼠，在家的後院建起1.5畝的鼠城，最多可以容納5,000多隻老鼠，當老鼠數目超過150隻之後，老鼠的行為開始變得詭異，不願意交配，互相廝殺，直至死亡。當鼠群的數目下降至一定水平，老鼠的行為又回復正常。Calhoun 感覺到好像有一種神秘力量操縱着老鼠的集體行為，這現象更激起了 Calhoun 去研究的興趣。

於是 Calhoun 開始建造更大更完善的鼠城，當老鼠的數目上升到一水平，神秘力量又開始出現，影響老鼠的集體行為，抑制老鼠數目的上升。

實驗所見深深吸引着Calhoun，令他着迷，他認為可能外部環境和空間，令到老鼠感受到壓力而行為反常，他的目標建造一個更大更完美的環境，可能證明到這種神秘力量會消失。正值當時美國走向城市化的發展，這個外表是生物的實驗，具有研究人類社會性的意義，得到美國國家精神衛生署支持。

1968年7月9日，開始進行「25號宇宙」實驗，老鼠的數目由4對開始，不斷上升而翻倍，可惜神秘力量最終都出現，經歷了五年時間，直至1973年最後一隻老鼠死亡，實驗終止，成為一項被封禁的實驗，Calhoun受了很大的打擊。

Calhoun完成的實驗論文之中，用了1/5的篇幅談論《聖經》中的《啟示錄》，又多次引用《啟示錄》的內容。論文發表後他都不好受，同時受到科學家和神學家很大的批評，科學家認為Calhoun引用神學來論證科學實驗是科學界的恥辱，神學家認為Calhoun利用老鼠實驗去影射人類是對上帝的侮辱。

一個經過人的精心設計，以為是完美的老鼠烏托邦，令到賴以生存的條件和資源，變成垂手可得，無所欠缺，最終的命運竟然是令老鼠群體走向完全的滅亡。

相反地，當生存中有欠缺，追尋所欠缺的東西的過程是否成為生存的基本條件之一？

數字價值，人生價值

滾大了資金，可以如何運用？

在到達 FIRE 之前，你考慮的可能是為了升學進修、為了置業、為了結婚，組織家庭、為了生兒育女，子女教育、為了移民、為了年長父母……

考慮事情的重要性，或者就是價值觀，上面每一項好像有關連，當滿足了一項，可成為踏腳石，再往下一項追尋。

資產越多，就越安心退休，這個邏輯永遠正確，但在現實中，有時就是要取得平衡。以我自己為例，到了某一刻，覺得照顧和陪伴媽媽，比繼續滾大資金更重要，就敲定了退休的決定。

其實這都是價值的問題，不是金錢數字上的價值，是人生的價值。如果只考慮金錢數字上的價值，數字永遠可以更大，可能永遠都不會有退休的一天。

夢想的下一站

再換一個角度，如果重視數字價值，退休之後沒有了主動收入，是否要節衣縮食，不斷找投資機會，盡量令資金繼續滾大……

很多人的選擇，是尋找金錢以外的價值，例如：捐款、參與慈善活動、幫助別人，看看 Bill Gates 和巴菲特，別人的意義和社會的意義，都成為他們自己追求的意義的組成部份，是一種自我實現的需求。

如果達到財務自由，退休之後，不如去想想個人的自我實現(self-actualization)，有沒有多年來未完成的夢想？變老，才是生命的開始，人可以反璞歸真，重新拾回生活的初心；尋找下一個目的地，開始新的旅途。

5.3
活得健康，尋找人生意義

生命中充滿隨機性，你到什麼地方、遇上什麼人、做了什麼事、有什麼遭遇……

看似有許多不同的選擇，可能走過很多條分岔路、有不同的可能性，當走過之後，回望都會見到只有一條路，就是自己走過的路。

性格決定命運，選擇改變人生。人不可以改變過去，可以改變的是今天的每一個選擇。

退休後，回望人生，回望自己做過的許多選擇……

「時間」是最大本錢

有趣的是，當到了接近50歲的年紀，就不太清楚自己的歲數，有時別人問起，需要把今年的年份減去出生年份，計算一下答案。不是刻意去忘記，或者當走在人生路上，慢慢就自然明白到「今天做什麼」才是最重要，今天幾多歲，根本不會放在心上。

間中見到年青人的反映，大學畢業生工作多年的薪金升幅輕微。加上資產價格升了不少，投資越加困難，向上流的機會越來越少。上一代人很多透過投資物業去累積財富，以達到財務自由，今天這種方式似乎行不通。相反上一代人都不投資美股、加密貨幣及其他外國的資產類別，我們不是要求只去複製前人的成功方式，不要只見到什麼不可為，更加要了解有什麼可以去做。

無論是學習、工作、生活，必要經歷時間，得到經驗；在長線投資的過程中，必要經歷時間，企業得到成長，投資得到回報。

資產的升幅快過薪金的升幅，這是事實。透過實踐，投資資產，積少成多，以資產追資產比較以薪金追資產是更有效率。認真去學習投資，累積經驗，投資可以視為可持續生活的一種技能。時間和耐性，就像硬幣的兩面。

在長線投資中，優質資產需要時間去成長，時間就是年青人最大的優勢。人生中最珍貴的資源是時間，好好珍惜，不要浪費。

如何去運用時間，是人生中的必修科。

找到興趣才可活得健康

「時間」是最大本錢，健康亦如是，不少退休人士，尤其是男士，在退休之後，可能身體上或心理上出現毛病，最後不久人世。

隨著年紀漸大，會發現週圍同齡的人一個一個離開，所處身的世界會變得越來越小。現代人的生活中，工作可能佔據了大部份，變成人生中只有工作和賺錢。當退休之後沒有工作，財務自由又解決了財政上的壓

力，就沒有了生活、沒有興趣、沒有朋友和社交，甚至沒有生存的意義？

數年前聽過一個講座，提及退休人士要活得健康的一些建議：

- 注意飲食健康之餘，間中有機會可以吃得好一點，或試試新口味和新食材。

- 注意自己的衣著、打辦和儀表，不可以不修邊幅。

- 有自己的興趣，朋友和社交。

- 保持做適量的運動。

- 除了身體的健康，都要注意精神的健康。

我覺得總括的意思，大概就是對生活和世界充滿興趣和好奇心，對生活有所要求。當沒有欠缺，到沒有要求，可能變成無欲無求，要小心如果慢慢走向極端成為生無可戀。

對世界好奇、對知識好奇、對生活好奇，不斷在生活中去探索。

感恩能做自己喜歡的事

記得自己剛剛開始工作，大約20幾歲時，閒時最喜歡攝影、旅行，行山、電影、看看藝術展覽等。

轉眼走過了30年的人生，現在退休了，自由的時間更多，仍是在做以上這些自己喜歡的事。原來在早年自己建立的興趣是有可持續性，是經得起時間考驗，同時感恩自己了解自己。

人覺得快樂是因為做自己喜歡的事，首先要了解自己，了解自己喜歡什麼。相反，不了解自己的人，就比較難去令自己快樂。

間中和大學舊同學聚會，都是相識了超過30年的朋友，有些特別相熟的朋友知道我寫投資書，感到驚奇，在他們眼中我應該會去寫文化藝術類的書。

在退休的三年寫了三本關於投資的書，首先是《科技戰國》和《AI投資時代》、到現在的《憑科技‧贏自由》，事前自己從來都沒有想過。都是一種偶然，緣起於和止凡的一次飯局，加上他的穿針引線，實在感謝！

透過網上分享和寫書，我還認識了不少投資圈子中志同道合的朋友，是很大得著。我相信對別人真誠，就會遇上真誠的朋友。

從前在網上的財經討論區閒聊，人云亦云，自2016年建立自己的投資組合，才慢慢去認真了解和學習，建立自己的投資思考方法。漸漸摸索及改變自己的投資風格和投資方向，原來離不開自己從大學到工作中的興趣，就是科技。

在我的眼中，投資是我去實習科技知識的場地。往日上司要求我去研究什麼題材，今日我自己去決定研究什麼題材，都是科技相關，可以說是我的工作的延續。我研究而得到知識是一種樂趣，可以透過寫網上文章及投資書，可以與其他人分享是很大的價值。同時投資市場會驗證我的知識和判斷是否正確。

與人分享是很大的樂趣和價值，一直希望在書中可以為讀者帶來更豐富、更多不同的看書體驗，包括：世界觀、人生觀、價值觀等，本書想強調的不是股票Number和買賣操作，而是背後的思考方法，也有著科普的初心，希望能幫到大家認識科技知識，對科技相關的投資上亦會有幫助。

回望過去 走向未來

回頭望以往走過的路，過去的事情已經成為事實，沒有辦法改變……另一邊廂，實際上事情的意義可以不斷演進，改變我們的未來。性格決定命運，但更重要是人擁有自由意志，今天我們做的選擇影響明天。

投資不是看過去，投資是看未來。活在當下的意思，就是今天努力去做好每一個投資決定，今天會成為過去，將來會成為現在，我們要做到的是令到將來，不會因為今天而後悔。人生路上，難免會有遺憾嗎？我們可以做的，是令過去的遺憾變得有意義。過去的遺憾，就不會成為將來的遺憾。

過去的犯錯和失敗，可以作為目前去作出改變和改善的原動力，人就不會被困囚在死胡同裏。人害怕改變，過程不好受，可能遇上困難和挫折。不過經歷了過程，人可以一步一步成長。

人生就是你的過去的總和，人生更加是你在過去的選擇的總和。過去的選擇影響現在，現在的選擇影響將來。活在當下，可以今天為自己做選擇，是人最能夠掌握的事情，盡力做好自己眼前的事，然後讓人生中的隨機性自然碰撞運作。

最後的告別

那天早上看見網上新聞，投資界傳奇人物——查理·芒格逝世，終年99歲。

願安息。

看芒格在投資界的成就，看他對巴郡的貢獻，看個人資產，他是巴菲特的多年緊密合作伙伴，在投資者眼中的地位，都不用置疑。

巴菲特説一個人的成就，不是以金錢作為衡量標準，而是看看最親近你的人是否愛你。

「究竟人生有沒有意義？」

人出生來到世上，不擁有什麼，無論經歷是如何，始終會走到人生的終點，離開亦不曾帶走什麼，可以殘酷地説，「物理」上不會存留什麼意義，人不能逃避在宇宙中的生死循環。這是一個物理性的答案。

哲學家常常去問的一些終極問題：「宇宙從哪裏而來？人死後會去到哪裏？」

我想起日本的世界級超級馬拉松運動員關家良一在書中所説：

> **"** 我常被問到：「為甚麼這麼辛苦還要跑步？跑步的樂趣是甚麼？」換句話説，他似乎也是在問：「到底哪裡有趣？這麼辛苦還要活著？」我不認為這問題會有明確的答案。
>
> 我們是為了要追求答案，才活著(跑步)的吧。 **"**

——《放慢速度的勇氣·關家良一的超馬道》

去尋找意義，由生活，到人生。正正是在於「物理」上不會存留什麼，從意義上的層面，就超越了物理層面。每一個人可能有不同的答案，人生是一個尋找意義的過程。

本書函蓋了投資、工作、及退休生活，三個部分有一個共通之處，當中就是去認識自我和尋找自我的一個過程，這亦是尋找意義的一部分。當認識自己越多，會發現自己更多的不同面，同時隨著週圍環境改變，要願意去接受計劃可以改變，你的經歷是用時間寫成。

有人說在人生的盡頭會看到自己的一生，如電影中每一格的回憶畫面。

每個人都希望不枉此生，到了一生盡頭的一刻，會關心什麼？是誠實而真正去面對自己的時候。

「一路順風」

「一路順風」意指一路上都很順遂，不受耽擱，不被打擾。而「farewell」則是由「fare(旅行)」與「well(好)」，組合而成，可說貼切地詮釋了「一路順風」。除此之外，還可以用「have a nice trip」，或者「so long！」來道別。

只是當我們用「farewell」的時候，除了有一路順風的意思，還帶有珍重再見、保重的心情，一般是在親人好友將遠行時才會用這個字。

祝願每位走在財務自由路上、走在人生路上的你，面對每條問題，都會沿途找到屬於自己的答案。

閉幕

Déjà vu正好像人生的寫照。

現實、回憶、夢……

Déjà vu (法語)，既視感，或似曾相識、幻覺記憶，指人在清醒的狀態下自認為是第一次見到某場景、經歷某對話，卻瞬間感覺以前好像曾經經歷過，是一種常見現象，但成因仍未有定論。其中一個可能性，認為Déjà vu是人的夢境記憶碎片在潛意識中被啟動，引起似曾相識的感覺。

Déjà vu

時間是 2024 年初，年青人 P 在外地渡過了一年數碼遊牧的日子，有很多新鮮的旅居生活經歷，好像一趟夢想中的奇幻之旅。坐在車上，透過擋風玻璃看到前面未到過的地方，經過了，又成為倒後鏡中過去的景物。

P 在旅程中拍了不少照片。攝影可以獵取影像，影像代表過去了的真實一刻，我們留不住過去，留住了影像。時間不斷又不斷在眼前開展，留住的影像正正反映人不可以把時間留住的一種無力感。

旅程的經歷和目的地都是同樣重要。

是時候回一趟香港，見見家人和朋友。

入境後見到防疫措施解除，感覺特別輕鬆。回到家中，打開電腦，收到一封電郵，打開一看……

Inbox Message

To   Cc Bcc

Subject

Duncan：

剛剛看完了你的第一本書《科技戰國》，記起你在書的結尾給讀者的祝福「祝大家安好，旅途愉快！」說得真好，我今天就要離開香港一段時間。

我在上一份工作做了幾年，仍然在尋找自己將來的方向，因為新工作接受遙距工作，於是想出去走走，嘗試一下旅居的生活。

生活為了什麼？

人生又是為了什麼？

……

Paul

Reply

當日發出的電郵，遇上伺服器故障，打回頭了。P在外國一年多，轉了一圈，已經忘記當日自己發出的這個電郵。

回家收到的第一份見面禮，就是過去的自己發給現在的自己的一封電郵，電郵中是過去的自己向現在的自己的發問。

Wealth 163

憑科技‧贏自由

作者	黃卓生 (Duncan)
內容總監	曾玉英
責任編輯	Alba Wong
書籍設計	Joyce Leung
相片提供	iStock、Midjourey

出版	天窗出版社有限公司 Enrich Publishing Ltd.
發行	天窗出版社有限公司 Enrich Publishing Ltd.
	香港九龍觀塘鴻圖道78號17樓A室
電話	(852) 2793 5678
傳真	(852) 2793 5030
網址	www.enrichculture.com
電郵	info@enrichculture.com
出版日期	2024年5月初版

定價	港幣 $168　新台幣 NT$840
國際書號	978-988-8853-24-3
圖書分類	(1) 投資理財　(2) 工商管理

免責聲明

本書提供一般財務、稅務及法律信息,僅供參考,並不構成對任何人士提供任何稅務、法律、財務意見或任何形式的建議。

儘管我們盡力提供準確,完整,可靠,無錯誤的信息。我們並不會對此等資料的準確性及完整性作出保證、陳述或擔保,及不會對此等資料承擔任何責任。本書所提供的資料、數據可因應情況、各國政策修改而不作另行通知。

無論基於任何原因,本書之部分或全部內容均不得複製或進一步發放予任何人士或實體。

支持環保　此書紙張經無氯漂白及以北歐再生林木纖維製造。